COMMENT NE PAS ÊTRE ESCLAVE DU SYSTÈME ?

ALEXANDRE LACROIX

COMMENT NE PAS ÊTRE ESCLAVE DU SYSTÈME ?

ALLARY ÉDITIONS
5, RUE D'HAUTEVILLE, PARIS X^e^

Avant-propos

Voici une scène que j'ai déjà vécue de nombreuses fois : un intellectuel, philosophe ou sociologue, s'avance dans une salle de conférences ou un théâtre, et il tient un long discours, solidement argumenté, pour critiquer l'économie globalisée et la politique contemporaine. Il a entièrement raison, sa critique est bien étayée et d'ailleurs son auditoire est convaincu. Qui ne voit pas que le productivisme et le consumérisme font des ravages, créent des inégalités inacceptables, provoquent des souffrances intolérables et dévastent les écosystèmes terrestres ?

Mais à la fin de la conférence, quelqu'un dans le public lève la main et expose sa situation : « Je suis d'accord avec tout ce que vous venez de dire, et d'ailleurs je travaille dans le secteur automobile. Je ne suis pas un grand dirigeant, simplement un revendeur de pièces détachées, un exécutant si vous voulez. Mais avec ça, je fais vivre ma famille. J'ai une grande fille dont je dois financer les études. Je connais bien mon métier, je crois que je suis compétent. Si je lâche tout pour aller vivre au grand air et produire du fromage de chèvres, il y a des chances que je mette mes enfants en danger. Vous parlez de ralentir, de sobriété, de frugalité heureuse, moi j'ai bien peur qu'on crève la dalle si je lâche mon poste, je n'ai aucun patrimoine, je ne suis pas un héritier. Et puis, si tout le monde se comporte comme vous le recommandez en France, que va-t-il se passer du côté de la Chine et de l'Inde ? Non seulement notre pays va s'appauvrir, mais je crains que nous devenions leurs vassaux, pas vous ?»

D'habitude, l'intellectuel sourit, indique par quelques phrases qu'il comprend la situation et trouve une réponse de circonstance, assez générale pour être rassurante. Mais l'auditeur qui a posé sa question repart chez lui avec sa perplexité. Au fond, il ne sait pas quoi faire. Il participe à un monde qu'il n'approuve pas, mais ne voit pas d'autre solution pour lui et sa famille. Il est un rouage de la gigantesque machine économique et sociale qui a été dénoncée avec virulence, mais ignore comment s'en dégager. Il cherche le moyen de ne pas être esclave du système.

Ce livre se veut une réponse adressée à cet auditeur.

. I .

Aux origines du système

La modernité s'ouvre sur une expérience de déconnexion radicale. Elle fut vécue par René Descartes, qui la raconte dans son *Discours de la méthode* publié en 1637. Le jeune philosophe voyageait alors en Allemagne. « Le commencement de l'hiver m'arrêta, se souvient-il, dans un quartier où, ne trouvant aucune conversation qui me divertît, et n'ayant d'ailleurs, par bonheur, aucun soins ni passions qui me troublassent, je demeurais tout le jour enfermé seul dans un poêle [c'est-à-dire une chambre chauffée], où j'avais tout le loisir de m'entretenir avec mes pensées. » C'est à la faveur de cette absence momentanée de distractions, de ce passage à vide dans un pays inconnu, que Descartes va s'engager dans le type de recherche de la vérité caractéristique des Modernes. Il s'agit de se retirer du dialogue, de ne plus absorber de nouvelles informations, de se retrancher en son for intérieur pour examiner la validité des enseignements que l'on a reçus et des opinions couramment admises. Seule une déconnexion intégrale fournit les circonstances propices à l'exercice d'une si parfaite autonomie de jugement.

La démarche inventée par Descartes, qui va jouer un rôle si décisif dans le développement des sciences et des techniques en Occident, consiste de plus à redoubler cette opération de séparation dans le domaine de la pensée – c'est-à-dire à prendre soin de démêler et d'écarter les idées les unes des autres. En effet, le premier des quatre préceptes qui composent la méthode cartésienne pour progresser dans la connaissance est de ne rien ajouter de plus à ses jugements que ce qui se présente clairement et distinctement à l'esprit, de n'accepter que les idées « claires et distinctes ». Une idée est claire quand elle n'offre aucune ombre, aucune part résiduelle de mystère. Pour atteindre à une telle clarté, il est indispensable qu'elle soit isolée des idées voisines ou associées, qu'elle soit elle-même déconnectée.

Bien sûr, ce critère choisi par Descartes n'offre que de très faibles garanties ; il ne concerne que la manière dont les idées apparaissent au sujet qui est en train de penser et ne nous renseigne nullement sur l'exactitude des idées elles-mêmes. C'est un peu comme si je vous disais : je ne crois que les théories simples, pas les complexes. Ou : je n'accepte que les explications monocausales, pas les plurifactorielles. Si la réalité est en elle-même complexe, qu'aucun effet n'est jamais produit par une seule cause et que je refuse de sortir de telles ornières de raisonnement, je me condamne à n'en jamais rien saisir. De même, si l'existence est obscure et confuse, mais que je ne souhaite retenir que les idées claires et distinctes, je n'aurai pas de vues adaptées sur ma propre vie. C'est comme si je décidais, par caprice, qu'une lumière pure baigne le paysage tandis que je marche en plein brouillard.

Quoi qu'il en soit, Descartes a posé les bases d'un *régime de séparation* promis à exercer une influence profonde sur la culture occidentale, et cela durant plusieurs siècles. Comme il est difficile d'embrasser en quelques pages un fait de civilisation qui se décline à travers un vaste ensemble de disciplines et d'attitudes, je me contenterai de procéder par prélèvements rapides, c'est-à-dire de donner quelques extraits d'œuvres modernes ayant eu un impact de premier plan et qui ont toutes prôné la distinction, le cloisonnement, la déconnexion.

L'exigence de Descartes rejaillit d'abord sur une certaine conception du style, propre au classicisme, promue par un passage célèbre de *L'Art poétique* de

Nicolas Boileau en 1674 :

« Il est certains esprits dont les sombres pensées
Sont d'un nuage épais toujours embarrassées ;
Le jour de la raison ne le saurait percer.
Avant donc que d'écrire apprenez à penser.
Selon que notre idée est plus ou moins obscure,
L'expression la suit, ou moins nette, ou plus pure.
Ce que l'on conçoit bien s'énonce clairement,
Et les mots pour le dire viennent aisément. »

Avec ces quelques vers, un glissement s'opère : la préférence pour le *clair et distinct* – censé permettre l'accès au vrai – passe du domaine de la connaissance à celui de l'esthétique, et devient un critère du beau. Ainsi le langage lui-même, qui a pourtant des propriétés métaphoriques, analogiques, allusives, qui permet d'imbriquer des idées dans des images, ou vice-versa, mais aussi de produire des télescopages entre des significations disparates, est-il soumis par le style classique à un implacable décapage, à un effort d'analyse et de découpe qui rend manifeste chaque articulation de la phrase, qui en détache les éléments.

Au siècle suivant, c'est la déconnexion des pouvoirs qui apparaît comme la condition majeure à satisfaire si l'on veut échapper à la tyrannie. C'est, du moins, la proposition avancée par Montesquieu dans *L'Esprit des lois*, en 1748, qui a inspiré la rédaction de la plupart des constitutions des États-nations modernes jusqu'à nos jours :

> « Il y a, dans chaque état, trois sortes de pouvoirs ; la puissance législative, la puissance exécutrice des choses qui dépendent du droit des gens, et la puissance exécutrice de celles qui dépendent du droit civil. [...]
> Lorsque, dans la même personne ou dans le même corps de magistrature, la puissance législative est unie à la puissance exécutrice, il n'y a point de liberté ; parce qu'on peut craindre que le même monarque ou le même sénat ne fasse des lois tyranniques, pour les exécuter tyranniquement.
> Il n'y a point encore de liberté, si la puissance de juger n'est pas séparée de la puissance législative, et de l'exécutrice. Si elle était jointe à la puissance législative, le pouvoir sur la vie et la liberté des citoyens serait arbitraire ; car le juge serait législateur. Si elle était jointe à la puissance exécutrice, le juge pourrait avoir la force d'un oppresseur. »

Ce n'est pas un hasard si la figure du souverain a souvent été comparée à celle du père. Le premier modèle de nos institutions politiques, leur cellule-souche pour ainsi dire, est sans doute la famille : c'est en nos parents que nous avons rencontré, au départ, l'autorité. Or ce premier pouvoir que nous avons connu était tout un, il n'admettait aucune distinction des fonctions – les parents édictent les règles, les appliquent et fixent les punitions. On mesure par là ce que, sous son apparente évidence, l'invention de la *séparation des pouvoirs* suppose comme maturité de réflexion, et combien elle est éloignée du vécu ordinaire.

En germe chez Descartes, il y avait aussi le dualisme, en particulier l'opposition entre nature et culture. C'est dans le *Discours de la méthode* qu'on trouve cette formule selon laquelle nous devons nous doter d'une science et d'une technique susceptibles de « nous rendre comme maîtres et possesseurs de la nature ». S'il y a là l'annonce d'un programme – dont il est tentant de considérer la crise écologique actuelle comme le résultat, par un raccourci un peu simplificateur –, il est frappant que les Modernes, au lieu de considérer les humains comme des êtres naturels, n'ont eu de cesse au contraire de se définir comme des animaux déconnectés de la nature.

C'est bien cette conviction qui anime Jean-Jacques Rousseau, qui remarque dès son *Discours sur l'origine et les fondements de l'inégalité* de 1754 :

> « Gardons-nous de confondre l'homme sauvage avec les hommes que nous avons sous les yeux. [...] Le cheval, le chat, le taureau, l'âne même ont la plupart une taille plus haute, tous une constitution plus robuste, plus de vigueur, de force, et de courage dans les forêts que dans nos maisons ; ils perdent la moitié de ces avantages en devenant domestiques, et l'on dirait que tous nos soins à bien traiter et nourrir ces ani-

maux n'aboutissent qu'à les abâtardir. Il en est ainsi de l'homme même : en devenant sociable et esclave, il devient faible, craintif, rampant. »

Qu'elle soit envisagée comme bénéfique, par Descartes, parce qu'elle nous protège des intempéries, des catastrophes, des maladies, ou au contraire comme néfaste, par Rousseau, notre déconnexion de l'état de nature est donc un fait acquis pour l'écrasante majorité des penseurs de la modernité. Il ne semble pas leur être venu à l'esprit que la culture pouvait être conçue comme un prolongement, mieux, une expression directe de certaines potentialités de la nature, sans aucune discontinuité entre les deux.

En économie, la manie de produire des distinctions a fait des miracles. L'économie politique classique naît avec la parution des *Recherches sur la nature et les causes de la richesse des nations*, de l'Écossais Adam Smith, en 1776. Ces *Recherches*, dont le but avoué est de trouver les moyens d'accroître la prospérité matérielle, font d'entrée de jeu l'éloge de la *division du travail*.

Pour en vanter les mérites, Smith part de l'exemple d'une fabrique d'épingles. Supposons qu'un ouvrier soit très adroit, explique-t-il, et qu'il ait pour mission de fabriquer des épingles. Comme il y a de nombreuses opérations à exécuter pour obtenir une épingle, il est exclu qu'un tel ouvrier réussisse à en terminer plus d'une vingtaine dans la journée. Maintenant, décomposons le processus de fabrication en étapes claires et distinctes, et observons ce qu'il se passe : « un ouvrier tire le fil à la bobine, un autre le dresse, un troisième coupe la dressée, un quatrième empointe, un cinquième est employé à émoudre le bout qui doit recevoir la tête. » Cette tête est à son tour l'objet de plusieurs actions – « c'est même un métier *distinct et séparé* », remarque Smith, que de piquer les épingles sur des papiers pour les vendre ensuite. Résultat des courses : si la confection d'une épingle est décomposée en dix-huit tâches basiques, une petite manufacture, avec seulement une dizaine d'ouvriers dont certains se chargent de deux ou trois tâches, produira quarante-huit mille épingles dans la journée.

Je poursuis ce panorama de l'ardeur séparative de la modernité avec un coup d'œil aux conceptions relevant de la pédagogie. Dans ses *Mémoires sur l'instruction publique* de 1791, Nicolas de Condorcet distingue avec vigueur l'instruction et l'éducation.

L'État, soutient-il, devrait se contenter, dans ses écoles, d'assurer l'instruction des enfants, c'est-à-dire d'enseigner des « vérités de faits » et des méthodes de calcul. Ainsi, il n'est pas souhaitable que la puissance publique se préoccupe de propager des « opinions politiques, morales et religieuses », ni qu'elle empiète sur le domaine de l'éducation à proprement parler, laquelle revient à la famille et aux proches. Se borner à l'instruction, c'est laisser à chacun la liberté de ses convictions, donc préserver l'autonomie du jugement. Il faut espérer, selon Condorcet, que jamais le maître d'école ou le professeur ne s'exprime sur le bonheur ou la sagesse, sur les questions philosophiques, de crainte de porter atteinte à cette espèce de forteresse intérieure au cœur de laquelle chaque être humain se trouve en position d'affirmer : « Je pense, donc je suis. » Déconnecter l'acquisition des compétences et l'interrogation sur le sens de la vie, tel est le b.a.-ba de la formation du citoyen moderne.

Selon une logique similaire, l'utilitariste anglais John Stuart Mill explique, dans son essai *De la liberté* en 1859, qu'il convient de dissocier la sphère publique et la sphère privée, ou encore la préoccupation du bien commun et la recherche de la satisfaction personnelle, tant qu'elles ne sont pas directement contradictoires entre elles : un État n'évite de devenir despotique, stipule-t-il, que s'il nous garantit « la liberté de tracer le plan de notre vie conformément à notre caractère, la liberté de faire ce qui nous plaît et de risquer les conséquences qui peuvent s'ensuivre, et cela sans en être empêchés par nos semblables tant que nous ne leur nuisons pas, quand bien même ils devraient juger notre conduite ridicule, perverse ou mauvaise». Pour autant que nous ne faisons de mal à personne, nous sommes les seuls responsables de nos actions, les seuls à même de définir notre ligne de comportement, et les critiques d'autrui ne sauraient avoir aucune prise sur nous : comment ne pas voir dans cette affirmation la stricte déclinaison, au plan existentiel et moral, de la déconnexion inaugurale cartésienne ? Si je suis le seul à pouvoir juger du vrai, alors il s'ensuit nécessairement que nul autre que moi ne décidera à ma place du bien ni de l'orientation que je donnerai à ma destinée. Ce ne sont pas les relations que je noue avec autrui qui déterminent au premier chef mes obligations, mais uniquement ma volonté personnelle de m'engager dans telle ou telle relation. Comme sujet moral, je reste sans contact. Et je n'ai de dette à payer que si je vole ou blesse autrui.

À mille lieues de cette mentalité libérale, Karl Marx a élaboré lui aussi un modèle de compréhension de la réalité sociopolitique fondé sur le repérage de lignes de démarcation, sur de grandes oppositions.

C'est ainsi que le jeune Marx, dans ses *Manuscrits de 1844*, définit l'aliénation du travailleur dans le système de production capitaliste comme le fait d'être *séparé* de son ouvrage. Le paysan, l'artisan des sociétés traditionnelles se sentaient impliqués dans leur travail mais également attachés par toutes les fibres de leur être au produit de celui-ci. Le berger qui mène son troupeau au champ, le maraîcher qui cueille des pommes ou des cerises, le menuisier qui achève une table sont en connivence intime avec ce qu'ils soignent, récoltent ou façonnent – le monde de la production dans les sociétés traditionnelles s'unit à la vie même. Mais dans l'usine du monde industriel, ce lien sensible, affectif et intellectuel est rompu. L'ouvrier, enchaîné à une étape hyperspécialisée de la production, à une tâche déconnectée des autres et de toute finalité concrète pour lui, n'éprouve que de l'indifférence face au produit de son travail, donc aux marchandises sortant de l'usine. Cela entraîne un assèchement progressif de la conscience des travailleurs, selon Marx :

> « L'ouvrier se trouve devant le produit de son travail dans le même rapport qu'avec un objet étranger. Cela posé, il est évident que plus l'ouvrier se dépense dans son travail, plus le monde étranger, le monde des objets qu'il crée en face de lui devient puissant, et que plus il s'appauvrit lui-même, plus son monde intérieur devient pauvre, moins il possède en propre. »

Or, si cette aliénation représente le drame pour ainsi dire intérieur de l'ouvrier, lequel menace de se retrouver vidé de sa substance affective et psychique par sa tâche, vampirisé par les marchandises, l'espace social extérieur tel que le conçoit Marx est traversé par des barrières de classe infranchissables. C'est ce qu'affirme avec vigueur le *Manifeste du Parti communiste*, coécrit avec Friedrich Engels, en 1847 :

> « L'histoire de toute société jusqu'à nos jours n'a été que l'histoire de luttes de classes.
> Homme libre et esclave, patricien et plébéien, baron et serf, maître de jurande et compagnon, en un mot oppresseurs et opprimés, en opposition constante, ont mené une guerre ininterrompue, tantôt ouverte, tantôt dissimulée. »

Partant d'un tel constat, le communisme se proposait de réconcilier la société avec elle-même – mais ses expérimentations historiques n'y sont pas parvenues, recréant au contraire de nouvelles oppositions, entre les bolcheviks et les moujiks, entre les apparatchiks et le peuple, entre les membres du Parti et les ennemis de la révolution, comme si, chez les Modernes, la passion de la distinction survivait à tous les efforts de réunification.

Au terme de ce parcours, il devient possible de présenter dans un tableau les répercussions multiples de la logique de déconnexion propre à la première modernité :

LE RÉGIME DE SÉPARATION DE LA PREMIÈRE MODERNITÉ	
MÉTAPHYSIQUE	Moi / Les Autres Sujet / Objet Âme / Corps Dieu / Homme Nature / Culture
SCIENCE	Vrai / Faux Clair et distinct / Obscur et confus Savant / Ignorant
POLITIQUE	État / Citoyen Pouvoir exécutif / législatif / judiciaire Sphère publique / Sphère privée Instruction / Éducation
ÉCONOMIE	Division du travail Temps de travail / Loisir Producteur / Produit Capital / Salaire Bourgeois / Prolétaire

Or une conclusion s'impose presque d'elle-même, au bas d'un tel tableau : cette modernité séparative est derrière nous. Si l'on convient que la première phase de la modernité a commencé au milieu du XVIIe siècle, plus ou moins avec le *Discours de la méthode*, elle semble bien avoir pris fin en 1989, avec l'arrivée du Web. En effet, toutes les oppositions structurantes de la première modernité – Âme/Corps, Nature/Culture, Public/Privé, etc. – connaissent une crise profonde, paraissent désormais frappées de caducité. C'est ce qui rend le monde actuel si troublant, vertigineux, voire indéchiffrable pour ceux qui sont nés avant 1989. Pour quiconque a grandi avec les croyances, les convictions et la manie de la déconnexion propres à la première modernité, une énergique mise à jour des catégories est indispensable. Il nous faut repenser le monde sous de nouveaux auspices.

. II .
Décoder notre époque

Le coup vient rarement de là où on l'attend.

Arbitraire, compartimenté, ségrégationniste, le régime de séparation de la première modernité l'a toujours été ; il présentait certaines vulnérabilités dès le départ et il était à prévoir que des secousses finiraient par le jeter bas. Mais les deux principales menaces qui ont, tout d'abord, pesé sur lui, ne l'ont curieusement pas affaibli.

Ainsi, on se serait attendu à ce que la réplique vienne de la société mobilisée, d'un soulèvement politique : le grand élan collectiviste né au XIXe siècle aurait pu mettre un terme à la séparation du capital et du travail, à la domination de la classe bourgeoise sur le prolétariat, et poser les bases d'un monde sans lignes de démarcation, d'un monde partagé. Les quatre propositions phares du *Manifeste du Parti communiste*, appliquées à la lettre, vont bien au-delà d'un simple changement du mode de production et de répartition des richesses, et visent ni plus ni moins à façonner une nouvelle humanité : Marx et Engels recommandent d'abolir la propriété privée, d'annuler les liens familiaux et de confier l'éducation des enfants à des institutions publiques, de détruire le contrat de mariage et d'instaurer la communauté des femmes, mais aussi d'éradiquer les patries et les nationalités. Si un tel programme entrait en vigueur, il ne me serait plus possible de retrancher quoi que ce soit de l'espace social pour me l'approprier et en jouir – ni terre, ni maison, ni bien matériel, ni enfants, ni amour. Chaque petit humain se verrait éduqué par le commun et le commun prendrait en charge l'ensemble des aspects de la vie adulte. La posture individualiste deviendrait intenable. Mon épanouissement personnel s'imbriquerait dans celui des autres. Après la dissociation généralisée de la première modernité, ce serait donc l'avènement d'un modèle d'association : « À la place de l'ancienne société bourgeoise, avec ses classes et ses antagonismes de classes, surgit une association où le libre développement de chacun est la condition du libre développement de tous », projettent Marx et Engels. Évidemment, une théorie politique aussi radicale lance un défi exorbitant à la pratique, si bien qu'aucune expérience historique n'est allée aussi loin que le *Manifeste*; et au final, l'aspiration au collectivisme n'a pas renversé l'individualisme libéral, malgré les défauts évidents de ce dernier.

Le régime de séparation des Modernes aurait pu également succomber à une critique d'ordre plus philosophique et s'effondrer en raison de ses faiblesses intrinsèques. En effet, la prétention de René Descartes de rechercher la vérité par les seules forces de son entendement, de penser par lui-même, repose assez largement sur une compréhension superficielle du fonctionnement du langage.

Je pense, donc je suis: comment ne pas remarquer que cette affirmation orgueilleuse est construite avec les mots des autres, à l'aide d'un langage qui est né et s'est enrichi par des interactions entre des locuteurs innombrables au cours d'une histoire pluriséculaire ? Lente, stratifiée, participative fut l'élaboration de la langue que nous employons, et celle-ci nous a été transmise afin que nous réfléchissions à travers cette trame commune. Reprenons la phrase de Descartes, un mot après l'autre. Le pronom *je* suggère que j'ai une identité personnelle stable et centralisée, une sorte de tour de contrôle, que je ne suis pas juste une collection d'impressions hétérogènes – ce qui constitue à tout le moins une hypothèse forte. Le verbe *penser* engage un certain type d'activité psychique, qui n'équivaut pas à *vouloir* ni à *désirer*, pas non plus à *réciter* ni à *prier*, et qui ne vient peut-être pas aussi spontanément que Descartes semble l'entendre. Penser, après tout, cela s'apprend. Quant au verbe *être*, il semble terriblement vague. Beaucoup de choses sont. Quand j'affirme que je *suis*, cela implique-t-il que j'ai la même façon d'*être* qu'une table ? Qu'une constellation ? Qu'un photon ? Qu'un personnage de fiction ? Qu'une équation ? Que cette phrase interrogative que vous lisez actuellement ? Je suis, certes, mais cela ne m'avance guère de le clamer, tant que je n'ai pas précisé ce qui fait la substance de mon être. Il n'est pas jusqu'à la locution *donc*, reposant sur l'opération logique de déduction, ni jusqu'à la virgule, liée aux nécessaires respirations de notre langage, au souffle et à la cage thoracique, qui n'entraînent de lourds présupposés, qui ne convoquent une histoire profonde et indémêlable, celle de la pluralité humaine.

En somme, le régime de séparation de la première modernité méritait d'être rejeté pour cette bonne et simple raison qu'il fait le pari, excessif, d'une souveraine indépendance du jugement. Quelques penseurs se sont essayés à démonter l'édifice cartésien en mettant en lumière, avec de bons arguments, ce primat de l'intersubjectivité sur fond de laquelle nous pensons et existons. Cependant, ces assauts critiques n'ont pas terrassé l'individualisme méthodologique.

Ce que ni les mouvements collectivistes ni les philosophies de l'intersubjectivité n'ont réussi à accomplir, la technologie l'a réalisé avec une aisance et une rapidité déconcertantes.

Revenons à la situation évoquée au début du *Discours de la méthode*: supposons que vous soyez, de nos jours, coincé pour quelques soirs en hiver dans un hôtel Ibis proche de la gare de Cologne. Si vous avez sur vous un smartphone et un ordinateur portable, et qu'à l'accueil de l'hôtel on vous a donné le mot de passe du Wi-Fi, vous êtes seul et loin de chez vous, certes, pourtant vous recevez en permanence des messages de vos proches. Les mails, SMS, appels sur Skype ou WhatsApp vous sont personnellement adressés, mais avec Facebook et Instagram, avec vos réseaux sociaux, vous êtes plongé dans une sorte de bain d'informations, de choses vues et de réflexions émanant de vos cercles de parents, de collègues, d'amis au sens le plus large du terme – même en l'absence d'interlocuteurs directs, vous êtes installé au cœur d'échanges incessants. Par conséquent, votre propre flux de conscience est constamment interrompu, sectionné par des phrases et des images émises par les autres. Il n'est pas exagéré d'affirmer que nous vivons désormais une sorte de *télépathie assistée par les machines*. L'intersubjectivité n'est plus un concept philosophique abstrait et un brin moralisateur – en tant qu'il nous enjoint à ne pas nous prendre pour le centre du monde et à penser aux autres –, elle est devenue au contraire notre condition existentielle la plus concrète. Nous sommes poussés à nous considérer intimement, réellement comme des nœuds appartenant à un immense réseau.

Cela ne va pas sans nouvelles difficultés. Si je me laisse entièrement capter par ces sollicitations télépathiques, le risque est que je ne sache plus vraiment qui je suis, que je perde contact avec moi-même, que je ne sois plus qu'une maille, un point de passage, un pôle neutre où entrent et d'où sortent des messages, que je disparaisse, que je me confonde avec mes interactions. Les technologies connectées ont expulsé le sujet de la forteresse où il se barricadait, mais c'était pour mieux l'emprisonner dans un filet. Si la pente des premiers Modernes était le solipsisme, si leur défaut consistait à se murer en eux-mêmes sans accorder d'importance aux autres, le danger pour les humains de l'ère connective serait plutôt l'excès d'ouverture, la réduction de l'intériorité, la perte de recul et de singularité.

Cette télépathie assistée par les machines, à laquelle ceux qui sont nés avant 1989 ont encore à s'habituer, se redouble d'une nouvelle manière d'apparaître de la vérité, propre à la modernité connective.

Si, pour Descartes et les premiers Modernes, une idée ne méritait la considération que dans la mesure où elle se laissait saisir clairement et distinctement, la seconde modernité abandonne ce critère et valorise davantage le raisonnement en arborescence, les correspondances qui s'établissent entre les idées, la pensée complexe. Lors d'une conférence internationale en 1965, un sociologue de la communication visionnaire, Ted Nelson, s'est avancé devant un parterre d'ingénieurs en informatique. Il voulait leur proposer un nouveau concept, celui de « lien hypertexte », afin de suggérer le changement de logique en cours, et s'est exprimé en ces termes :

> « Laissez-moi vous présenter le mot "hypertexte", pour désigner un ensemble de matériel écrit ou visuel interconnecté de façon si complexe qu'il ne pourrait être facilement présenté ou représenté sur du papier. »

Le moins qu'on puisse dire, c'est que cette définition ne brille pas par la clarté et la distinction. Pour autant, Nelson avait compris avant tout le monde que la notion traditionnelle de texte allait être déclassée : à l'âge des ordinateurs et des banques de données, il devient possible d'envisager le voyage dans le savoir en plus de deux dimensions. L'écriture, sur rouleaux de papyrus ou dans des livres reliés, est plane, linéaire – à l'instar de la pensée du sujet retranché dans sa chambre, que nul ne dérange. Mais ça, c'était avant l'apparition des appareils connectés. Désormais, tous les documents existants sont susceptibles d'être reliés les uns aux autres, dans n'importe quelle direction. Cliquez sur un mot de la phrase « Je pense, donc je suis », vous découvrirez qu'en plus de son sens immédiat, lequel se déchiffre par déplacement horizontal, il recèle aussi une profondeur, il ouvre sur des pistes d'exploration virtuellement illimitées. Dans un monde de liens hypertextes, il n'y a plus d'idées claires ni distinctes, ou plutôt la clarté et la distinction sont de simples effets de surface, des scintillements que renvoient certains énoncés bien dépolis, mais qui tendent aussi à nous aveugler et à nous dissuader de pénétrer dans leurs galeries souterraines. Passer en lecture multidimensionnelle, activer des hyperliens, naviguer d'un support à l'autre, c'est accepter que la circulation dans le savoir soit aléatoire et que la vérité ne se montre jamais tout entière, sur une feuille de papier.

Ce concept de lien hypertexte fut vraiment séminal. Il a inspiré les fenêtres de la fameuse interface de l'Apple Lisa, reprise par Microsoft sous le nom de Windows et promise à devenir hégémonique sur le marché des ordinateurs personnels. C'est aussi en méditant sur ce sujet que l'informaticien britannique Tim Berners-Lee a inventé le World Wide Web, qui n'est rien d'autre, en langage technique, qu'un système universel d'hypertexte simplifié.

La modernité connective ne s'est pas contentée d'affecter l'autonomie du sujet, c'est-à-dire la psychologie humaine, et les modalités d'accès aux savoirs, elle a également aboli l'opposition traditionnelle entre nature et culture.

Partons d'un événement frappant : à l'hiver 2019, l'Australie a connu une canicule exceptionnelle liée au réchauffement climatique ; la température moyenne sur le continent a atteint un pic de 41,9 °C le 17 décembre, avec un record absolu de 49,9 °C dans la plaine de Nullarbor le lendemain ; cette hausse du mercure a déclenché des dizaines de milliers de feux de brousse qui se sont vite propagés et ont dévasté en quelques semaines plus de dix-huit millions d'hectares. Mais est-ce là une catastrophe naturelle ? Non, pas tout à fait. Dans la mesure où les émissions de gaz à effet de serre provoquent le réchauffement du climat global, il s'agit plutôt d'une conséquence naturalisée des actions humaines, d'un phénomène mixte, ambivalent, dont on ne saurait rendre compte en maintenant la ligne de partage entre nature et culture.

Sans convoquer des événements aussi paroxystiques, il suffit de s'être promené, d'avoir voyagé pour s'être aperçu que la morphologie du sol terrestre a été largement anthropisée. Il n'est plus beaucoup d'endroits, sur la Terre, indemnes de l'intervention humaine. Les collines et les plaines ont été cultivées ; les forêts et les parcs nationaux sont entretenus ; des marques colorées balisent les sentiers de grande randonnée même dans les coins les plus retirés ; sans compter que la croûte de béton et de goudron des villes, des tarmacs, des autoroutes ne cesse de s'étendre. Ainsi, s'il me paraît pertinent de continuer à employer le terme de nature, gardons à l'esprit qu'il ne s'agit nullement d'un synonyme de *nature vierge* et que nos environnements ont été sévèrement impactés par la civilisation.

Dans le milieu de la recherche scientifique, un débat passionnant se poursuit depuis le début des années 2000 autour de la notion d'Anthropocène. Avons-nous changé d'époque géologique ? Les activités d'*Homo sapiens* modifient-elles la dernière couche du sol terrestre de façon significative ? Tel est l'avis du lauréat du prix Nobel de chimie Paul J. Crutzen. Selon ce dernier, nous avons quitté l'Holocène, qui a débuté il y a 11 700 ans ; l'humanité représente désormais une « force géologique » à part entière. L'Union internationale des sciences géologiques n'a pas, à l'heure actuelle, officialisé le changement d'époque, même s'il fait l'objet d'ardentes discussions en son sein. L'une des pommes de discorde tient à l'identification du point de bascule : quand aurait commencé l'Anthropocène ? Avec la première révolution industrielle ? Mais l'usage intensif du charbon n'a concerné d'abord que les pays industrialisés, surtout l'Europe et l'Amérique du Nord, si bien qu'on n'en détecte pas la trace dans le sol des cinq continents – ce n'est donc pas suffisant pour parler d'un changement géologique global. Un consensus semble se dégager autour des essais nucléaires menés par les États-Unis et la Russie durant la Guerre froide, car ces explosions ont disséminé partout des particules radioactives. Si Crutzen a raison, si nous sommes effectivement dans l'Anthropocène, alors même la poussière que nous foulons, quand nous marchons en montagne ou dans le désert, a des composantes industrielles.

Corollaire de la disparition d'un environnement authentique et préservé, il n'est plus pertinent d'invoquer la *nature humaine*, comme si celle-ci désignait une entité autonome et intangible. Un certain nombre de découvertes et d'innovations dans le domaine de la génétique et de la biologie nous rendent désormais capables de lire le code de l'ADN contenu dans les cellules juste après la fécondation, mais aussi d'effacer des séquences de ce code ou d'en interpoler d'autres, de bricoler les gènes de la vie voire de cloner. Sans pousser jusqu'à des usages si extrêmes des biotechnologies, notre recours aux vaccins, aux antibiotiques, à la chirurgie, aux prothèses s'est tellement banalisé que les nombreux humains ayant accès aux soins ne sont plus tout à fait des êtres de nature bruts, et qu'ils se trouvent eux-mêmes, à l'image des champs et des collines, *artificialisés* jusque dans leur chair. Dans leur style prophétique technophile souvent délirant, les transhumanistes ne demandent rien d'autre que de tirer pleinement les conséquences de cette situation inédite : *Homo sapiens* est peut-être la première espèce animale qui se dotera des moyens de piloter son évolution.

Dans le domaine de l'économie, la modernité connective a bousculé les règles du jeu et, là encore, nombre de lignes de démarcation et d'oppositions structurelles héritées de l'âge industriel ont été brouillées, sinon effacées.

D'abord, la division du travail chère à Adam Smith recule au profit du *multitasking*. Au lieu de répéter une seule opération mécaniquement du matin au soir, l'employé – surtout dans les activités de service, mais pas uniquement – est invité à faire preuve de souplesse et de réactivité, en répondant de façon quasi-instantanée aux injonctions qu'il reçoit et en menant plusieurs tâches en parallèle. C'est ainsi que le cadre en réunion surveille son flux de mails et de SMS; que le comptable qui vérifie l'activation des macros sur un tableur Excel répond aux questions de ses supérieurs qui pleuvent sur lui au sein du bureau-paysage; que le directeur artistique ajustant les calibrages d'une mise en page *briefe* à voix haute un illustrateur; que le médecin en consultation décroche son téléphone et note un prochain rendez-vous. Le *multitasking* est au travail spécialisé ce qu'est la télépathie assistée par les machines au flux de conscience ou encore l'hypertexte au livre papier: avec lui, l'interaction l'emporte sur l'action.

Ensuite, l'une des plus grandes nouveautés apportées par les technologies connectées, bien qu'elle ait été peu relevée par les observateurs du monde du travail, tient à ce que de nombreux employés sont devenus propriétaires de leurs outils de production. L'usine de la première révolution industrielle, qu'il s'agisse des hauts fourneaux de la sidérurgie ou des métiers à tisser du textile, appartenait au capitaine d'industrie; s'il voulait gagner son pain, l'ouvrier devait y pointer et y faire ses heures. Si l'ouvrier tombait malade, ou qu'il décidait de ne plus venir, on le remplaçait. Désormais, les outils de production sont l'ordinateur portable, le smartphone, éventuellement la voiture – et le travailleur les possède. Cela modifie sa relation avec le capitaliste. Le développeur d'une agence Web, le gestionnaire de portefeuilles d'une banque, le commercial d'une entreprise sont en mesure à tout moment de claquer la porte et de s'en aller avec leurs dossiers et leurs contacts clientèle, ou même de monter leur propre affaire dans un secteur connexe. Le travail n'est plus captif, et c'est le bon côté de cette nouvelle donne pour le salarié. L'envers de la médaille, le prix à payer pour cette liberté, c'est que la frontière entre *temps de travail* et *temps de loisir* est devenue poreuse. Un créatif, un journaliste, un chargé de mission, un ingénieur peuvent avoir une idée lumineuse ou établir un contact décisif pour leur activité à n'importe quel moment, tard en soirée, en week-end comme en vacances. Et qui ne consulte jamais ses mails professionnels à la plage en été ?

Cependant, de façon plus profonde encore, la source de la production de valeur, c'est-à-dire le cœur même du réacteur des économies développées, a également été affectée par la technologie.

La première modernité avait mis au centre de sa conception du monde la séparation entre le sujet et l'objet. Dès lors, pour créer des richesses, les sujets devaient, en simplifiant, trouver le moyen de produire en grand nombre des objets manufacturés, jusqu'à dégager des rendements d'échelle. Pour gagner des milliards au début du XXe siècle, il fallait à l'instar de Henry Ford en 1908 posséder des usines et fabriquer un produit de consommation courante à un prix accessible aux masses, comme la Ford T. Mais la plupart de ceux qui sont devenus milliardaires depuis 1989 se sont affranchis de ce diktat de l'objet manufacturé, ils n'ont pas raisonné en termes si matériels, au contraire ils ont lancé des sites Web ou plus exactement des plateformes, dont la fonction essentielle est de mettre en relation une offre et une demande. Qu'est-ce qu'Amazon ? Une interface qui connecte les producteurs de livres ou d'appareils électroménagers avec les consommateurs. Qu'est-ce qu'Uber ? Une interface qui connecte les chauffeurs avec leurs passagers. Qu'est-ce que Facebook ? Une interface qui connecte des services marketings avec des profils de particuliers ciblés. En d'autres termes, à l'ère de la modernité connective, ce sont les relations plus encore que les objets eux-mêmes qui génèrent du profit ; ce n'est pas en transformant des matières premières, mais bien en facilitant des liens, qu'on réalise les plus fortes marges et qu'on a quelque chance de conquérir une position de monopole.

Ces différentes caractéristiques de la modernité connective, qui l'éloignent si radicalement de l'ère de la séparation qui l'a précédée, sont susceptibles d'être à leur tour présentées en un tableau synthétique, afin de prendre une vue d'ensemble sur ce qui a changé depuis 1989.

MODERNITÉ SÉPARATIVE	MODERNITÉ CONNECTIVE
Solitude	Télépathie assistée par les machines
Moi/Les autres	Intersubjectivité
Dualisme	Holisme
Nature/Culture	Anthropocène
Nature humaine	Eugénisme, transhumanisme
Séparation humain/machine	Symbiose homme-machine
Outils techniques maniés par l'humain	Milieu technique englobant l'humain
Textes	Hypertextes
Idées claires et distinctes	Arborescences, pensée complexe
Vrai/Faux	Théories du complot, *fake news*
Savant/Ignorant	Partage des connaissances
Cloisonnement des disciplines	Transdisciplinarité
Séparation émetteur/récepteur dans les médias traditionnels	Tout récepteur est émetteur sur le Web
Sphère publique/Sphère privée	Transparence
Habeas corpus, défense des libertés individuelles	Extraction des données personnelles

Secret médical	Banques de données génétiques et biomédicales
Marchandises	Plateformes
Stocks	Flux
Propriété privée	Économie du partage
Division du travail	*Multitasking*
Temps de travail/Temps de loisir	Fusion travail-loisir
Bourgeois/Prolétaire	Bourgeois-bohème, intellectuels précaires, *freelance*

Une telle grille de lecture épargnera bien des étonnements superflus. De même que la prolifération des feux de brousse en Australie reste inexplicable et stupéfiante tant qu'on n'abandonne pas la distinction entre nature et culture, un certain nombre de phénomènes contemporains se dérobent à notre compréhension si on cherche à les interpréter à l'aune des catégories de la modernité séparative. Par exemple : le fait qu'un président des États-Unis émette ses déclarations de politique intérieure ou étrangère *via* son compte Twitter personnel ; que la capitalisation de Netflix ait dépassé celle de Disney et Amazon les supermarchés Wal-Mart ; qu'un adolescent filmant des vidéos dans sa chambre accède à une notoriété supérieure à celle d'un comédien sortant de l'Actor's Studio ou d'un sociétaire de la Comédie-Française ; que les couples dînent aux chandelles en gardant leur téléphone portable actif sur la table (avec l'écran verrouillé par un code secret) ; que votre voisin dans le train se mette soudain à parler fort et que vous vous demandiez ce qu'il vous veut, jusqu'à ce que vous aperceviez la discrète oreillette sans fil logée dans son conduit auditif; que vous ayez échoué à l'un de vos derniers entretiens d'embauche parce que le recruteur n'a pas apprécié l'un de vos posts Facebook ou une vidéo ancienne de vous qui traîne sur Youtube ; ou encore que le plus incroyable espace de liberté d'expression qui ait jamais vu le jour soit aussi l'instrument de surveillance le plus puissant jamais mis au point.

. III .
Dandys et pigeons

À l'ère du Web, quelle est la bonne attitude, comment convient-il de vivre ?

Écartons d'emblée deux comportements absurdes, deux erreurs en miroir.

La posture réactionnaire, de celui qui préférerait sauver l'ancien monde de la séparation et faire comme si la connexion n'existait pas, est à la fois inutile et hypocrite. Inutile, parce que notre dynamique de civilisation aura tôt fait d'emporter ce genre de raidissements sporadiques. La question n'a d'ailleurs jamais été de prendre parti pour ou contre la technologie, car cela n'importe guère. Imaginez qu'en 1882 ou 1883, à l'heure où la société Edison entreprenait d'électrifier les villes, un cénacle d'intellectuels se soit réuni à Manhattan ou dans le Quartier latin, et qu'ils aient employé de longues soirées à débattre de ce grave enjeu : l'éclairage électrique est-il une bonne ou une mauvaise chose ?

Si animées qu'aient été leurs discussions, elles se seraient résumées à un vain bavardage, une perte de temps. En effet, que l'on soit favorable ou non à l'électrification à la fin du XIXe siècle ne change rien à l'affaire ; un processus de ce type ne demande pas à être approuvé ou condamné d'un point de vue moral, mais compris d'un point de vue anthropologique. Qu'est-ce que cela implique, pour l'être humain, de déclencher au moyen d'un interrupteur un déluge de watts à domicile, de pouvoir travailler la nuit ou flâner à travers les rues illuminées ? De ne plus subir l'obscurité ? Aujourd'hui, les intellectuels qui se jettent dans des diatribes enflammées contre le téléphone portable, ou qui vouent aux gémonies les réseaux sociaux, versent bien souvent dans la caricature ; comme le médium qui se concentre afin de déplacer un verre par l'unique force de son esprit, ils semblent s'être convaincus que leur vindicte suffira à dévier le cours des événements.

Hypocrite, la position de l'objecteur de connexion l'est aussi parce qu'elle suppose une indépendance par rapport à l'organisation collective qui n'est permise, en réalité, qu'aux privilégiés. C'est ainsi qu'on a vu naître un *dandysme de la déconnexion* chez certaines élites, qui ont le loisir de prendre du recul, de se soustraire aux sollicitations professionnelles durant des jours ou des semaines, pour cette simple mais peu avouable raison qu'elles ont un patrimoine et des comptes en banque bien garnis. Le point de vue de Sirius, *le recours aux forêts* si cher au romantisme allemand et à un Ernst Jünger, ne sont rien d'autre que des avatars du mépris aristocratique pour les classes laborieuses, sur lesquelles pèse le poids de la société entière. Au bas de l'échelle, du côté des travailleurs pauvres, des fragiles, des migrants, le téléphone portable est perçu comme un viatique, un outil presque indispensable à la survie.

Les épisodes de confinement lors de la pandémie de Covid-19 ont d'ailleurs démontré le caractère désormais vital de l'accès au réseau : si les axes des mégapoles, les places publiques, les gares et les aéroports se sont vidés, si le monde extérieur a été ralenti, par un troublant chassé-croisé le débit des télécommunications s'est, lui, intensifié – durant ces périodes, de nombreux salariés ont pu continuer à travailler, maintenir leur revenu et protéger leur famille grâce à leur connexion, qui s'est révélée une protection.

Cependant, le choix opposé, c'est-à-dire l'assentiment inconditionnel à la mobilisation de tous et de chacun par une Toile dont le maillage se resserre, n'est pas non plus une option défendable. Comment ne pas voir que, sur les divers fronts qu'elle attaque, l'offensive connective cause de sérieux dommages ? Poussée jusqu'à son terme ultime, elle mènerait à la perte de l'esprit critique et de l'indépendance d'esprit ; à la fin du temps libre ; à l'impossibilité de se soustraire au contrôle ; à l'évaluation systématique des services que nous rendons ou que nous recevons ; à l'optimisation forcée des comportements ; à l'effraction de nos corps et de nos cerveaux par des artefacts ; à la surveillance continue de nos performances tant physiques qu'intellectuelles ; à l'eugénisme ; enfin à l'étroite imbrication de l'être humain, réduit au statut de rouage, dans la machine productive. La connexion intégrale ne signifierait rien d'autre qu'une tyrannie parfaite.

L'horizon du *totalitarisme numérique* se laisse déjà entrevoir avec les programmes d'espionnage massif mis en place dans les démocraties occidentales, et de façon plus inquiétante encore avec le Système de Crédit Social instauré par la Chine. Depuis le mois de mars 2018, chaque citoyen de la République populaire de Chine se voit attribuer une note de citoyenneté, calculée sur la base des données collectées le concernant. Pour quiconque a publié des critiques du Parti, ou appartient à une minorité religieuse réprimée, ou présente des antécédents judiciaires, la note est abaissée – avec des conséquences impressionnantes dans l'existence quotidienne, puisqu'un mauvais score prive de l'accès aux transports et de la liberté de circuler d'une province à l'autre ou à l'étranger, freine l'obtention des prêts bancaires, élève les polices d'assurance, interdit de créer une entreprise ou d'inscrire ses enfants dans les meilleures écoles et universités. Ce système repose largement sur l'usage extrêmement répandu en Chine de l'application WeChat qui, une fois installée sur téléphone mobile, permet d'envoyer des messages, de passer des appels en vidéo ou en audio, de régler ses achats dans les magasins, de réserver un hôtel, de commander une voiture, un repas, un service de massage à domicile, mais aussi de débloquer un vélo ou une trottinette en ville. Adoptée par la quasi-totalité de la population active du pays, elle fournit un service polyvalent et centralisé. Le géant des télécommunications chinois Tencent, qui l'a lancée, connaît à la fois vos *posts* sur les réseaux sociaux, les messages que vous envoyez à votre entourage, vos déplacements, vos achats, le niveau de votre compte en banque… Autrement dit, il est en position de recouper les agissements de ses utilisateurs en ligne et dans le monde physique. Une telle technologie constitue la nouvelle architecture de l'oppression, effrayante, car un parti unique s'appuyant sur ce dispositif dernier cri a la capacité de réprimer et même de prévenir le moindre écart à ses volontés.

Ainsi, les deux positions extrêmes – rester attaché aux valeurs de la modernité séparative par nostalgie, se faire le thuriféraire et le héraut de la modernité connective – ne convainquent guère, parce que la première est trop contraire au sens de l'Histoire et se condamne à l'impuissance, tandis que la seconde accorde un blanc-seing aux pires dominations de l'avenir.

Mais alors, quelle est la bonne attitude ?

. IV .
DOMINANT, DOMINÉ

Voici l'histoire de Matthieu. Elle est vraisemblable mais non véridique, et ne s'inspire de personne en particulier. C'est simplement une fiction que j'ai imaginée pour mettre en lumière quelques traits de nos vies connectées.

Matthieu habite une grande ville, il est diplômé d'une école de commerce. Mâchoire carrée, mèche romantique sur le front démentie par des épaules de rugbyman et un début d'embonpoint, il a trente-quatre ans. Il ne s'est pas encore casé, sentimentalement. Comme il rencontre un certain succès auprès des femmes et qu'il a quelques moyens, il profite à plein des opportunités que lui offre la vie urbaine. Un jour de semaine, à l'issue d'un déjeuner, il s'est retrouvé – avec une jolie fille à ses côtés – à parlementer dans le hall d'un hôtel trois-étoiles avec l'employé de l'accueil. Tout lui a déplu dans cette situation, qui aurait dû rester légère. Le réceptionniste a refusé de lui accorder un rabais, alors qu'il n'avait besoin d'une chambre que pour deux ou trois heures, pas jusqu'au lendemain midi. Cet homme attardait de plus des regards indiscrets sur le décolleté et la jupe de son amie, créant un malaise palpable. Matthieu n'avait jamais tellement apprécié les hôtels, à cause du manque d'anonymat ; il était renforcé dans son préjugé. Quand il obtint enfin la clé, il eut un déclic, mais n'émit aucun commentaire et se contenta de froncer les sourcils en se dirigeant vers l'ascenseur, entraînant par la main sa flamme de l'après-midi.

Comme beaucoup de ses camarades de promotion, Matthieu avait le projet de fonder un jour ou l'autre sa propre start-up dans le secteur du numérique. Voilà que l'idée s'offrait à lui, à l'improviste : il allait lancer l'application qui aurait résolu son souci de logistique amoureuse. Freeday : une plateforme permettant à des particuliers de louer leur propre appartement dans la journée, tandis qu'ils se trouvent au travail ou à l'extérieur, à des couples de passage. Ce serait une sorte de déclinaison d'Airbnb, mais en plus éphémère et plus sexy. Avec un avantage : le nombre de loueurs potentiel était considérable, puisqu'il ne leur était nullement demandé de quitter leur appartement pour plusieurs nuits, mais juste de le mettre à disposition dans l'après-midi.

Les modalités du *check-in* devaient être adaptées et, pour que les loueurs et les couples ne se rencontrent pas – ce qui menaçait de provoquer une gêne réciproque –, il suffisait de prévoir quelques livreurs en scooter ou à vélo, capables d'apporter un trousseau de clés en moins d'une heure. Le concept était évident, drôle, lumineux, et Matthieu n'eut aucune difficulté à convaincre quelques-unes de ses connaissances de participer à une première levée de fonds. Il avait besoin de réserves de trésorerie, pour financer le développement de l'application, mais aussi pour des campagnes de publicité dans le métro. Il projetait un lancement simultané à Paris, Londres et Barcelone – trois villes qu'il appréciait.

Au cours des mois suivants, les ennuis s'amoncelèrent et Matthieu mesura la distance entre la légèreté d'un concept et la pesanteur de la réalité. Il y avait d'abord l'environnement juridique, qu'il maîtrisait mal. Freeday collectant des informations sensibles, susceptibles de renseigner sur les infidélités d'hommes et de femmes mariés et de servir de pièces à conviction lors de procédures de divorce, comment allait-il sécuriser ces données, les protéger contre des cyberattaques en règle de maîtres chanteurs ou des tentatives de hacking ciblées menées par des détectives privés, voire par des conjoints jaloux un peu *geeks* ? Et que se passerait-il si un viol ou un meurtre survenait dans l'un de ces appartements, la responsabilité de l'entreprise serait-elle de quelque manière engagée ?

Contactés par ses soins, les principaux sites et applications de rencontre, comme l'américain Tinder, refusèrent de nouer des partenariats avec lui, le percevant comme un concurrent putatif. Les compagnies d'assurances se montraient plutôt frileuses, comme si l'occupation à des fins d'intimité érotique représentait une source de désagréments et de casse. Quelques réunions avec des responsables de la mairie de Paris et de Londres ne se déroulèrent pas très bien non plus ; les instances municipales, dépassées par le phénomène Airbnb, appliquaient des conditions de plus en plus draconiennes aux services de location courte durée. Et puis, détail agaçant, la livraison rapide des clés n'était pas si facile à garantir. Le développement du site prit également du retard car le premier développeur mandaté se révéla incompétent ; il fallut appeler à la rescousse une agence plus expérimentée, mais plus chère. Le cash récolté fondit. Après un an et demi de boulot acharné durant lequel il ne s'était versé aucun salaire, Matthieu se trouva pour la première fois dans l'impossibilité de payer son loyer, sa banque l'ayant mis en interdit bancaire. Il sombra dans une période sombre et comprit, quelque temps plus tard, qu'il avait fait un burn-out.

Quels sont les enseignements d'une histoire comme celle-là ?

D'abord, Matthieu n'a pas puisé son inspiration n'importe où : c'est dans l'un des plis intimes de sa propre vie qu'il est allé chercher son projet d'entreprise. Il est parvenu à identifier un de ses désirs, à l'énoncer puis à concevoir le service numérique qui le satisfaisait. À l'heure du travail immatériel et cognitif, c'est la moelle de notre existence que nous sommes incités à brancher sur la logique du marché, le business carbure à l'énergie de nos affects, de notre libido ; le premier à nommer un désir a des chances d'imaginer le produit correspondant avant les autres. Mais à chaque initiative de ce genre, la part d'ombre en l'être humain, d'où émane justement la magie du désir, s'amenuise. N'est-il pas plus exaltant de chercher un hôtel sur un coup de tête, avec la personne qui nous attire, plutôt que d'inviter un algorithme dans l'équipée ? Et si vous découvrez que votre partenaire a un compte Freeday, n'est-il pas un peu moins nimbé de romanesque à vos yeux, n'apparaît-il pas comme un sinistre calculateur ? Une fois introduit sur le marché, le désir est soumis à une logique d'exploitation et d'optimisation qui en altère l'intensité ; une énergie est déviée vers l'économique, qui ne nous reviendra plus en propre, dont nous nous trouvons dépossédés.

Mais il y a plus : dans une start-up comme Freeday, la séparation entre le capital et le travail n'existe pas. Matthieu étant à lui-même son propre patron, il avait toute latitude pour s'imposer les rythmes épuisants qui l'ont miné : il ne s'est octroyé ni week-ends ni vacances ; a souvent travaillé plus d'onze heures par jour ; il a été pour lui-même le plus impitoyable des managers, alors qu'il ne subissait aucune pression de la part de ses actionnaires – lesquels étaient des amis de longue date et se sont contentés d'observer de loin ses difficultés, en le conseillant de temps à autre. L'auto-exploitation menace toujours d'être pire que l'exploitation, dans la mesure où elle ne connaît aucun cadre législatif, aucun frein. C'est pourquoi une société d'auto-entrepreneurs et de freelance n'est pas forcément libérée, loin de là. Matthieu s'est donné ses objectifs, il n'a jamais cessé de maîtriser son emploi du temps, et pourtant il s'est infligé des fatigues et un stress surhumains. Pourquoi ? Parce qu'il se considérait, depuis la fin de son adolescence, comme un entrepreneur, et qu'il a eu le sentiment d'assouvir sa vocation mais également de *jouer sa peau* en créant sa start-up. L'échec ne représentait pas seulement à ses yeux un gâchis d'argent ou une blessure narcissique ; c'est le sens même de sa mission sur terre qui se trouvait ébranlé.

La morale de l'histoire serait donc : *les oppositions abolies à l'extérieur par l'ère de la connexion ont tendance à renaître à l'intérieur.* La lutte entre dominants et dominés, dont le théâtre était autrefois le grand dehors de la société, et qui prenait la forme d'un conflit permanent entre deux groupes sociaux aux contours nettement délimités, a été, avec l'arrivée de la modernité connective, largement introjectée – elle n'a pas disparu, mais sévit à l'intérieur de chacun de nous. Ainsi, chacun tend de plus en plus à abriter en lui-même un dominant et un dominé, un capitaliste et un travailleur, un maître et un esclave. Une partie de votre personnalité est de plein gré engagée dans la course au résultat, à l'autoperfectionnement et à l'optimisation, quand l'autre demeure plus rêveuse, moins inféodée, plus attachée au laisser être, au laisser-aller, à des valeurs inquantifiables.

Si les observateurs des mœurs politiques contemporaines constatent que l'opposition entre la droite et la gauche a moins d'importance pour les nouvelles générations, qui ne se définissent plus selon ce clivage, c'est peut-être dû aux progrès rapides de ce processus d'intériorisation de la conflictualité politique. Désormais, chaque électeur entend en lui-même une voix de droite et une voix de gauche. Mais aussi : un technophile et un technophobe, un exhibitionniste aimant parader sur les réseaux sociaux et un gardien jaloux de zones secrètes, un publicitaire et un artiste, un stakhanoviste et un paresseux, un agent de la globalisation libérale et un vagabond céleste. La plupart des citoyens des démocraties représentatives ne se reconnaissent plus dans les vieilles formations partisanes ; mais c'est peut-être que trancher en faveur de l'un des partis en présence reviendrait à renoncer à l'intégrité de leur être, à opter pour une face de leur personnalité au détriment de l'autre.

La modernité connective est éprouvante pour chacun d'entre nous, dans la mesure où elle transforme les oppositions externes en tensions internes. Si les ventes de psychotropes tendent à augmenter, si les psychopathologies en général et les dépressions en particulier deviennent plus fréquentes, ce n'est peut-être pas un hasard ni le fruit de malchances individuelles, mais bien plutôt le résultat d'une configuration structurelle ; les circonstances historiques attaquent l'intégrité de notre psychisme, le menacent d'éclatement.

À l'image de Matthieu, nous nous sommes tous mis à jouer avec nous-mêmes au chat et à la souris.

. V .

Quand il est temps de réagir

Avant, mener un combat politique, c'était s'engager pour les droits, la reconnaissance et l'amélioration du sort du groupe auquel on appartenait, ou qu'on s'était choisi – qu'il s'agisse du prolétariat, d'une minorité ethnique, d'une identité de genre ou encore d'une corporation.

Même si ces formes classiques de lutte n'ont pas disparu, la modernité connectée a créé une nouvelle ligne de front, intérieure et par conséquent moins visible. Qu'un conflit de nature politique se déroule en la plupart d'entre nous, que son enjeu ne soit autre que le contrôle de notre subjectivité, comporte un risque et une chance.

En cas de défaite, nous risquons l'abdication de ce que nous sommes, de ce à quoi nous tenons. Après une telle capitulation, notre vie psychique n'existe plus qu'en prolongement du réseau, nos connexions neuronales en deviennent pour ainsi dire l'annexe naturelle ; nous n'avons plus d'émotions ou de pensées qu'en fonction de ce dernier, des stimulations électriques qu'il nous transmet. Nos sourires seront mercantiles et destinés à nous valoir les faveurs de futurs clients ; nos satisfactions ne tiendront plus qu'à de menus succès, dont nous enregistrerons les ondes à la manière d'une cellule vibratile ; notre disponibilité mentale sera accaparée par la résolution de problèmes socioprofessionnels. Quand toute subjectivation est perdue, quand la dernière aspérité de notre personnalité est arasée, quand nous avons contracté la grimace sociale depuis si longtemps que tout le monde a oublié notre vrai visage, alors nous ne sommes plus qu'une extension du système de production-consommation et le mot de civilisation posthumaine, bien qu'ayant des connotations de science-fiction, n'est peut-être pas exagéré. Du reste, en voyageant dans le métro d'une capitale ou en déambulant dans un quartier d'affaires, le doute vient : le capitalisme globalisé n'engendre-t-il pas des zombies par légions ? Les cristaux liquides des écrans ne ruissellent-ils pas à travers ces innombrables yeux vitreux ? Les gadgets envahissant le quotidien – des balances à impédancemètre sur lesquelles nous nous pesons le matin aux bracelets *trackers* que nous passons le soir afin de mesurer la durée et la qualité de notre sommeil – poussent dans cette direction-là, celle de l'imbrication. On s'émerveille des progrès de l'intelligence artificielle, que les machines relèvent des défis auxquels seule se mesurait auparavant la pensée humaine, sans bien voir que le processus associé à ces avancées est la mécanisation des humains, et que nous assistons moins à un dépassement de l'humanité par la technique qu'à leur convergence.

Ça, c'est pour le mauvais côté. Mais l'intériorisation des enjeux politiques majeurs de notre modernité présente aussi un extraordinaire avantage : puisque cela se joue en nous, nous ne sommes pas dépourvus de maîtrise. Nos choix, nos actes, nos habitudes, la disposition que nous tâchons d'entretenir ne sont pas sans efficacité. Prenons le cas de la politique classique, à l'ancienne : une usine se met en grève, les personnels hospitaliers descendent dans la rue, mais la progression de leur cause leur échappe, elle dépend de leur détermination mais aussi et surtout de l'attitude de la partie adverse, du patronat, du gouvernement ; la négociation est malaisée et incertaine. Participer à une manifestation, c'est espérer que le nombre porte notre revendication, c'est s'enivrer de la présence d'une foule qui partage nos espérances, mais aussi bien se sentir impuissant, désagréablement léger, dilué dans un processus collectif à l'issue imprévisible. Rien d'équivalent en politique *intérieure* – sans mauvais jeu de mots – : même si nous ne sommes pas maîtres en notre demeure, que notre vie psychique nous échappe en partie, il nous est possible d'exercer notre lucidité et de défendre notre autonomie, de ne pas laisser, en nous, le dominant étouffer le dominé, ni l'optimisateur rationnel étrangler le flâneur désintéressé.

À quels signes reconnaître qu'un sursaut se fait urgent, indispensable ? Selon moi, il y a trois types d'atteintes à notre intégrité psychique qu'il convient de ne pas prendre à la légère, vis-à-vis desquelles la vigilance s'impose. Ces atteintes, nous les éprouvons tous à des degrés divers.

D'abord, par un phénomène insidieux, il nous arrive de sentir que nous n'avons plus vraiment de pensées pour nous-mêmes. Une idée un peu saugrenue nous vient, une bonne formule, une observation caustique ? Nous les partageons aussitôt par un petit texte ou une photographie assortie d'un commentaire, sur les réseaux. Rien de grave, sauf que cela signifie que nous sommes contaminés par le souci de publicité. Nous ne formons plus des raisonnements seulement pour qu'ils nous paraissent justes ou adéquats, mais dans l'espoir de produire une impression sur les autres, de donner une certaine image – flatteuse, si possible – de nous-mêmes. Nous sommes donc autant préoccupés par la poursuite de la réflexion en cours, que par nos stratégies de séduction. Avec un tel prisme, les affirmations déviantes, opposées à la morale dominante ou carrément honteuses, sont évacuées. De plus, nous n'entrons plus dans la complexité. Pourquoi nous lancerions-nous dans des spéculations abstraites, des recherches théoriques échevelées, si notre finalité est la bonne tournure d'un tweet ou d'un paragraphe facile à saisir même en lecture inattentive ? Quiconque s'aventure dans un labyrinthe n'en ressort jamais avec une *punch line*. L'évitement de la confrontation avec les questions ardues est l'un des biais de la conscience en mode réseau. De la même façon, l'activité onirique devient suspecte : quel parti tirerions-nous d'une image singulière, d'un énoncé poétique hermétique, d'impressions énigmatiques et décousues ? Les récits de rêves, on le sait, ennuient les auditeurs. Celui qui rend public tout ce qu'il pense s'interdira de rêver éveillé.

Deuxième type d'atteinte, il est fréquent que nous oubliions les rythmes de notre corps et ceux de la nature, à force de vivre en *synchronisation automatique*. Le printemps survient, et nous nous en étonnons presque : je n'ai même pas vu passer l'hiver, comment est-il possible que les bourgeons soient déjà là ? C'est que les changements de saisons, l'alternance du jour et de la nuit n'affectent pas ce qui scintille à la surface des écrans des ordinateurs et des smartphones, et qui nous fascine tant. Bizarrement, on emploie aujourd'hui l'expression *temps réel* pour désigner une temporalité qui n'est pas celle de notre environnement ni de notre métabolisme, lesquels connaissent des intermittences, des creux périodiques, une succession de vagues, mais bien plutôt un temps artificiel, décompté par les machines, uniformément intense – celui des échanges du monde global portés par la technostructure. Dans le temps dit réel, les résistances de la matière paraissent abolies : un message atteint son destinataire, où que ce soit sur la Terre, à n'importe quelle heure, en quelques fractions de seconde ; mais cette rapidité équivaut à une mise en demeure, elle exige notre réactivité, si bien que nous nous trouvons constamment réquisitionnés. *To stream* signifie, en anglais, « s'écouler », et le verbe est bien choisi, car en temps réel des textes, des vidéos, des sons, des programmes se dévident perpétuellement en nous et se mêlent à notre flux de conscience, lequel s'amincit sans même que nous y prenions garde. Nous en venons à ignorer notre propre fatigue – qui ne s'est jamais laissé entraîner, par une série télé, d'un épisode à l'autre, à veiller malgré lui jusqu'à une heure bien trop tardive ?

Troisième type d'atteinte, notre expérience du désir – après celle de la pensée et du temps – est altérée. La *satisfaction en 1-click* obsède la conscience en mode réseau. Le moteur de recherche me livre sans délai la réponse à la requête que je lui soumets. Si j'ai envie d'un livre, d'un disque, d'un week-end à Stockholm ou à Florence, je me les achète aussitôt – du moins si j'ai assez d'argent sur mon compte. Sinon, je souscris un emprunt *flash* grâce à l'application que ma banque m'a incité à télécharger. Je trouve assez rapidement un *match* sur les sites de rencontres. Des services en ligne ont été inventés, par des spécialistes de la vente et du marketing, pour absorber la quasi-totalité des comportements d'impulsion. La contrepartie, c'est que l'attente et le manque ne viennent plus nourrir l'imaginaire, que les satisfactions sont à la fois plus ternes et plus brèves. Une autre manière de le dire est que nous ne connaissons plus vraiment le désir, lequel suppose la distance et l'élaboration, mais plutôt la pulsion. Et la jouissance n'est plus une fontaine de bien-être, mais un court-circuit.

Quel est le remède ? Pas vraiment la déconnexion – le fait de basculer son smartphone en mode avion ou de l'éteindre, de passer quelques jours en vacances dans une maison où « ça ne capte pas », offre, certes, une plage de repos, mais ne change pas grand-chose sur le fond. Après ces brefs relaps, nous nous empresserons de consulter nos mails en souffrance, de réactiver nos profils. La déconnexion se rapproche de l'hygiène, de la diététique ou du sport ; nous en avons besoin pour renouveler nos forces productives, comme il est bon de cesser de travailler en fin de semaine, mais elle ne modifie pas notre rapport au monde aussi drastiquement que la technologie.

Revenons à l'enjeu de notre lutte politique intérieure : il s'agit de seconder en nous le dominé, dans le bras de fer qui l'oppose au dominant. Comment y parvenir ? Nous avons besoin ici de rien moins que d'une nouvelle philosophie de l'action.

. VI .
Pour un postutilitarisme

> « Les gens sont convaincus, non sans quelque apparence de raison, que tous les réformateurs et les inventeurs de système sont fous. (…) Jusqu'ici ma folie, pour autant que je sois capable de m'en apercevoir, n'est pas allée beaucoup plus loin qu'un rêve. (…) J'ai rêvé l'autre nuit que j'étais le fondateur d'une secte ; de toute évidence un personnage d'une grande sainteté et importance. Elle s'appelait la secte des utilitaristes. »

Cette note a été prise par le philosophe anglais Jeremy Bentham en 1780. La même année, il a fait imprimer à compte d'auteur son maître ouvrage, l'*Introduction aux principes de morale et de législation*, qu'il a diffusé en un petit nombre d'exemplaires, destinés à ses proches (c'est seulement en 1789 qu'un éditeur londonien le publiera de façon officielle). Ce récit de rêve est révélateur, parce qu'il contient la première occurrence du mot « utilitariste » ; il montre aussi que Bentham n'avait pas uniquement une ambition spéculative, et qu'il souhaitait donner naissance à un courant de pensée porté par des membres pratiquants – les utilitaristes, donc –, susceptible de devenir une force motrice dans l'espace social.

Dans l'*Introduction aux principes de morale et de législation*, Bentham avance une idée élémentaire, mais chargée d'un potentiel révolutionnaire, celle du *principe d'utilité*. « Par principe d'utilité, écrit-il, on entend le principe qui approuve ou désapprouve toute action, quelle qu'elle soit, selon la tendance qu'elle semble avoir à augmenter ou à diminuer le bonheur de la partie qui est en jeu ou, en d'autres termes, à promouvoir ce bonheur ou à s'y opposer. » Plus simplement, une action est bonne si elle vous procure du bonheur ou du plaisir ; elle est mauvaise si elle est cause de malheur ou de douleur. Aucune théorie morale ne saurait s'opposer de manière valable au principe d'utilité, soutient Bentham, sauf à sombrer dans la fausseté ou l'hypocrisie. Ainsi, la promotion de l'ascèse, de la mortification du corps par la religion est contraire à la morale spontanée de l'être humain, lequel vise à la conservation et à l'épanouissement de sa vie. Certains s'engagent sur des chemins d'existence qui les éloignent durablement du bonheur et du plaisir, mais c'est qu'ils nourrissent des conceptions erronées sur le bien, qu'ils sont le jouet de leur imagination ou de doctrines délétères. Obéir au principe d'utilité, devenir un utilitariste, aux yeux de Bentham, ce n'est donc pas adopter une philosophie neuve, mais au contraire retrouver la morale naturelle de l'homme par-delà les contraintes et les recommandations absurdes que la civilisation a empilées.

Pour autant, l'utilitarisme n'est pas un égoïsme ; il ne s'agit pas juste de poursuivre son bon plaisir personnel. En fait, le principe d'utilité s'applique, dans l'esprit de Bentham, autant à l'échelle individuelle que collective : « Une action est conforme au principe d'utilité ou, pour parler brièvement, à l'utilité (eu égard à la communauté dans son ensemble) quand sa tendance à augmenter le bonheur de la communauté l'emporte sur toutes celles qui, en elle, conduisent à le diminuer. » Ainsi, un chef d'État, mais aussi un directeur d'école, un entrepreneur, un cadre, un président d'association se conduisent en utilitaristes s'ils s'efforcent d'améliorer, au-delà de leur bien-être, celui des personnes dont ils sont responsables. Le principe d'utilité, suivant Bentham, devrait même servir de boussole à quiconque prend des décisions ayant un impact collectif, spécialement aux législateurs.

Le succès de ces idées a été immense, favorisé par l'extension de l'Empire britannique, du détroit de

Gibraltar jusqu'aux Indes, des îles Malouines jusqu'à la Nouvelle-Zélande, tout au long du XIXe siècle. Cette morale de « boutiquier anglais », comme la qualifiait Marx, a progressivement pris le dessus non seulement sur les prescriptions des religions traditionnelles, mais aussi sur l'exaltation du devoir ou de la vertu. Si bien que, dans les premières pages de sa *Théorie de la justice* en 1971, le philosophe américain John Rawls prend acte de l'hégémonie de l'utilitarisme : « Au cours de l'histoire moderne, en philosophie morale, la théorie systématique dominante a été une forme d'utilitarisme. »

Il est intéressant que Rawls évoque une *forme* d'utilitarisme, car en réalité l'*Introduction aux principes de morale et de législation* fait partie de ces livres qui ont exercé une extraordinaire influence sans avoir été beaucoup lus. Il arrive souvent que les grandes œuvres produisent leurs effets à distance. Nous n'avons pas besoin d'être familiers du *Don Quichotte*, de la *Divine comédie* ou encore de l'*Iliade* et l'*Odyssée* pour sentir qu'ils existent et qu'ils rayonnent jusqu'à nous ; pas plus que des dialogues de Platon ou de la *Critique de la raison pure*. Comme l'eau, les pensées fortes se diffusent par capillarité, à travers le grain des rencontres et des conversations. De toutes les subtilités et les distinctions sophistiquées exposées par Bentham, du

« labyrinthe métaphysique » où il avoue lui-même s'être égaré au cours de la rédaction très laborieuse de son livre, dans sa préface à l'édition de 1789, n'aura été retenue au final qu'une maxime rudimentaire, mais d'autant plus frappante. La forme commune de l'utilitarisme est la suivante : il s'agit de l'éthique qui propose de *maximiser le bien-être du plus grand nombre*.

Eh bien, si tel est le credo des diverses mouvances utilitaristes – car il y en a plusieurs aujourd'hui –, force est de constater que nous appartenons presque tous à cette secte et qu'elle compte des centaines de millions, voire des milliards de représentants à travers le monde, loin devant les religions !

Comment expliquer, sinon, que la course à l'enrichissement, le dogme de la croissance se soient diffusés à l'échelle planétaire ? Que la maximisation du bien-être soit l'horizon de la plupart des activités humaines ?

J'aurais tendance à voir, pour ma part, l'utilitarisme comme l'*exorationalité* de notre temps – cette doctrine a fourni le schéma d'action rationnel dominant dans notre monde globalisé. Par *endorationalité*, j'entends la rationalité individuelle, celle qui se trouve en chacun de nous. L'exorationalité renvoie au contraire aux procédures de raisonnements partagées, qui permettent à un certain consensus de se dégager, aux comportements de converger ou, tout au moins, aux humains de se comprendre et d'anticiper mutuellement leurs décisions. Le maître d'école essaie de maximiser l'accès à la connaissance de ses élèves. L'activiste écologiste engagé pour la reforestation essaie de maximiser le nombre d'arbres qu'il plante ou de parcelles qu'il sécurise. Le chef d'entreprise essaie de maximiser son profit. Le chef d'État de maximiser le produit intérieur brut, la sécurité et le confort de ses citoyens. Le parent de maximiser le bien-être mais aussi le niveau d'éducation de ses enfants. Le sportif de maximiser ses performances. Le syndicaliste de maximiser le niveau de revenu et la protection des travailleurs de sa branche. Sous ce commun effort de maximisation, il y a bien sûr de nombreuses divergences ; de plus, tout le monde n'a pas la manie de l'efficacité ni du résultat ; certains préfèrent rêver ou se détourner des buts affichés par l'organisation qui les emploient, c'est certain. Cependant, ces traits individuels ne changent pas grand-chose au tableau d'ensemble : l'exorationalité des sociétés contemporaines n'en est pas moins utilitariste.

Or la technologie et le Web jouent un rôle central dans cette affaire. Les outils informatiques, le réseau, la communication en temps réel se sont imposés comme de puissants leviers de maximisation. Dans des domaines complexes, quand le nombre de données et de flux à prendre en compte afin de maximiser l'utilité est considérable – comme en finance publique ou en matière de trafic aérien –, les programmes d'intelligence artificielle apportent une aide substantielle. Au niveau privé, il n'en va pas autrement : la simple habitude de recourir à un logiciel de navigation pour optimiser ses trajets procède de la même exorationalité orientée vers l'accroissement de la satisfaction. La technologie en son ensemble peut être décrite comme une structure de soutien au déploiement de l'éthique utilitariste.

Cependant, le Web intervient aussi à un autre niveau, moins évident et néanmoins crucial – point qui demande une explication plus poussée. Il existe en effet, au sein de la théorie utilitariste, une zone de flottement. Une question est mal réglée : comment passe-t-on de l'échelon individuel au collectif ? N'est-il pas à redouter que, si tous les individus poursuivent leur intérêt propre et tentent de maximiser leur plaisir, leurs actions soient destructrices pour le bien-être commun ? Autrement dit, qu'il y ait incompatibilité entre le respect du principe d'utilité au niveau micro et macro ? Jeremy Bentham n'a pas vraiment considéré cette tension, ou plutôt, il l'évacue d'un revers de la manche : « Qu'est-ce donc que l'intérêt de la communauté ? écrit-il. La somme des intérêts des divers membres qui la composent. »

En un sens, cela semble aller de soi. Si dix personnes maximisent chacune leur bien-être, la somme des bien-être obtenue sera, elle aussi, maximale. Voilà qui n'est pas très éloigné du dicton : « Charité bien ordonnée commence par soi-même. » Cependant, il n'est pas difficile d'imaginer des situations contredisant cette confiance naïve dans les bienfaits de l'addition. Supposons que, dans un hôpital, quinze malades se trouvent en attente d'une greffe – d'un rein, d'un poumon, d'un foie, d'un pancréas, d'un cœur, etc. –, avec un pronostic vital engagé à court terme si celle-ci ne vient pas. Selon la logique utilitariste de maximisation du bien-être collectif, ne devrait-on pas décider de tuer une jeune personne en parfaite santé, pour prélever ses organes sains et frais, et sauver ainsi quinze vies ? Cet assassinat serait en lui-même une mauvaise action – mais au niveau global, n'est-il pas préférable de sauver quatorze vies, plutôt que d'en perdre quinze ? Le bilan n'est-il pas largement excédentaire, si l'on en juge selon le principe d'utilité ?

En fait, l'imprécision de la doctrine utilitariste est plutôt une bonne nouvelle. D'abord, parce qu'elle révèle que l'utilitarisme est insuffisant, qu'il ne prescrit pas toujours des solutions acceptables et que d'autres principes doivent lui être ajoutés – comme le respect de la vie humaine. Ensuite, parce qu'elle laisse une marge d'interprétation. Ainsi, en simplifiant un peu, suivant que l'on privilégie le niveau individuel ou collectif, l'on peut être un utilitariste de droite ou de gauche. Les deux pères fondateurs de la philosophie utilitariste ont d'ailleurs pris, à cet égard, des options opposées. Jeremy Bentham est plutôt un individualiste, qui engage son lecteur à maximiser son utilité pour lui-même, gageant que le bien-être collectif arrivera de surcroît ; même s'il envisage certains mécanismes de redistribution, il reste en phase avec la plupart des penseurs libéraux, qui estiment que l'égoïsme privé fait la prospérité commune. Mais pour John Stuart Mill au contraire, qui dans la dernière partie de son existence s'ouvre à l'influence du socialisme, il convient de raisonner d'abord au niveau collectif avant de descendre vers les considérations privées. Mieux vaudra alors maximiser le bien-être de la société entière que celui de quelques privilégiés.

Toutefois, et c'est là que je veux en venir, cette possibilité de se mouvoir à l'intérieur de la doctrine utilitariste, d'imaginer une large gamme de positions allant du néolibéralisme au socialisme dans le cadre d'une même exorationalité, est en train de disparaître, à mesure que le réseau efface la séparation entre moi et les autres, entre l'individuel et le collectif. Là où il y avait un flottement, mais aussi une certaine place pour la délibération et l'intervention politique, la modernité connective instaure une logique unifiée, dont le slogan se laisse formuler ainsi : *désormais, il s'agira de veiller à la maximisation du bien-être des individus en réseau.* En d'autres termes, ce que nous voyons s'accomplir sous nos yeux, c'est l'affaiblissement de la politique au profit de la gestion.

Imaginons une société composée de dix personnes qui poursuivent leur intérêt égoïste et cherchent à maximiser leur plaisir. Si ces dix personnes s'ignorent, ne se coordonnent pas, si elles ont des conceptions différentes du plaisir ou des penchants prédateurs, elles risquent fort de se nuire les unes les autres, si bien qu'au niveau global, le maximum de bien-être ne saurait être atteint sans un effort de régulation. Cependant, si ces dix personnes sont perpétuellement interconnectées, si elles publient les moindres de leurs actions et de leurs pensées sur le réseau et sont évaluées en temps réel par les autres, alors il est possible que le système s'équilibre de lui-même, mécaniquement, et que la régulation extérieure – l'intervention politique –

devienne superflue. Ainsi, le Web est en passe de résoudre l'une des principales contradictions internes à l'utilitarisme, laissant entrevoir l'avènement d'un monde rassemblé sous une seule morale dominante et sans extériorité.

J'ose espérer qu'il existe encore quelques esprits chagrins pour qui une telle uniformisation des comportements, la perspective de vivre sous la férule d'une exorationalité utilitariste adossée à une technostructure mondialisée, n'a rien de réjouissant.

Du reste, pour ceux qui ne seraient pas convaincus par cette critique d'ordre existentiel ou moral, il convient de relever que la configuration actuelle nous fait courir un grave péril : à l'évidence, tant que le projet de maximisation du confort de l'humanité en réseau est la principale dynamique de nos sociétés, il est vain d'attendre un tournant écologique ; l'application du principe d'utilité, renforcée par la technologie, conduit inéluctablement au réchauffement climatique et à la déplétion des écosystèmes terrestres, à la multiplication des écocides dont nous serons, *in fine* et en fait de confort maximal, les victimes.

Cependant, si l'on a envie d'entrouvrir la porte de cette cage de fer, comment s'y prendre ?

C'est ici qu'il convient de pointer une deuxième zone de flottement, un certain jeu dans le système utilitariste, qui permet d'envisager une voie de dégagement.

En effet, que les auteurs utilitaristes traitent de l'« utilité », du « bonheur », du « bien-être » ou encore du « plaisir » – pour la plupart, ils emploient ces termes comme des quasi-synonymes –, un certain flou règne quant aux définitions. Chez Jeremy Bentham, le terme le plus fréquent est celui de plaisir. Et pour procéder à la maximisation du plaisir, c'est-à-dire à ce qu'il appelle le « calcul félicifique », une quantification de celui-ci est indispensable. Bentham propose quatre critères principaux pour évaluer un plaisir : il convient de prendre en compte son *intensité*, sa *durée*, son caractère *certain* ou *incertain*, enfin sa *proximité* ou son *éloignement*. Un plaisir très intense dans dix ans me paraîtra moins souhaitable qu'un plaisir modéré aujourd'hui. Un plaisir immense mais extrêmement incertain, moins réjouissant qu'une petite satisfaction immédiate. À ces quatre critères centraux, s'en ajoutent deux autres, toujours selon Bentham : la *fécondité*, c'est-à-dire la propriété qu'ont certains plaisirs d'en engendrer d'autres (je pars en vacances dans un pays lointain et je m'y fais des amis), et la *pureté*, c'est-à-dire la garantie qu'un plaisir ne soit pas suivi de douleurs (j'ai fait la fête mais me réveille avec une abominable gueule de bois). Même s'il produit, dans la suite de son ouvrage, une nomenclature plus détaillée des plaisirs, Bentham semble considérer que le modèle et l'origine de toutes nos satisfactions n'est autre que le bien-être du corps et le plaisir des sens. Être affecté par le plaisir, dans son optique, c'est d'abord une réalité physiologique – sans quoi, quantification et calcul seraient tout bonnement inenvisageables.

Mais John Stuart Mill, dans son ouvrage *L'Utilitarisme* (1863), d'abord publié par chapitres dans la presse quotidienne et qui remporta un succès considérable, est moins catégorique. Plutôt que d'avancer une série de critères, une taxonomie des plaisirs assortie de règles de calcul, il préfère glisser une remarque à caractère général, qui dans sa démonstration produit presque l'effet d'un cheveu sur la soupe :

> « Si les sources de plaisir étaient exactement les mêmes pour les êtres humains et pour le porc, la règle de vie qui est assez bonne pour l'un serait assez bonne pour les autres. (…) Les êtres humains ont des facultés plus élevées que les appétits animaux et, lorsqu'ils ont pris conscience de ces facultés, ils n'envisagent plus comme étant le bonheur un état où elles ne trouvent pas satisfaction. »

Mill fait l'éloge des plaisirs élevés, sollicitant les facultés intellectuelles – comme l'écoute d'un morceau de musique, la résolution d'un problème de mathématiques, la lecture d'un poème ou encore la méditation philosophique. Il ne le justifie pas vraiment, et n'explique pas non plus comment ces plaisirs supérieurs, abstraits, se prêteraient à un calcul de type utilitariste. Disons qu'il semble ajouter un jugement de valeur personnel, assez abrupt – « Ne vivons pas comme des porcs ! » – à la doctrine qu'il a héritée de son maître. Là où Bentham écrit, de manière absolue : « Il est évident que quiconque réprouve la plus petite particule de plaisir, en tant que telle, quelle que soit la source d'où elle provient, est par là même partisan du principe d'ascétisme », Mill suggère que l'effort prolongé – celui qui est indispensable pour la maîtrise du piano ou de la danse classique par exemple –, même s'il implique une certaine forme de renoncement à l'agréable, est susceptible de nous procurer des plaisirs d'une meilleure qualité que la stimulation de nos muqueuses.

Cette hésitation, ce balancement chez les fondateurs de l'utilitarisme a eu des conséquences très différentes au sein de la communauté des philosophes et dans l'opinion publique. Dans les écrits des spécialistes de philosophie éthique, cette incertitude sur la définition de l'utilité, du bien-être ou du plaisir a suscité d'inépuisables débats. Existe-t-il des sources de bien-être qui ne soient pas subjectives, mais objectives ? Lesquelles ? Est-il correct par exemple d'affirmer que la santé est une composante du bien-être de tout être humain ? Mais alors, que penser d'un mélancolique ou d'un drogué qui se moquerait royalement de sa santé ? D'innombrables colloques et articles de recherche tournent autour de ces questions, avec parfois un haut degré d'élaboration – mais l'enjeu est de taille, car il s'agit ni plus ni moins de savoir ce que l'on est censé maximiser, quand on s'affirme utilitariste.

Des listes de « biens » circulent, sur lesquelles ont lieu des échanges d'arguments d'une subtilité qui n'a rien à envier aux disputes scolastiques d'autrefois. Pour en donner un aperçu, je citerai une de ces listes – que j'emprunte à Chris Heathwood, professeur associé à l'université du Colorado :

– jouissance
– liberté
– bonheur
– être respecté
– santé
– atteindre son but
– amitié
– obtenir ce que l'on veut
– être quelqu'un de bien
– être amoureux
– activité créative
– s'interroger sur des questions importantes
– appréciation esthétique
– exceller dans des activités qui en valent la peine

Je vous invite à relire cette liste à plusieurs reprises. Même si elle est un peu triviale et très hétérogène – elle ressemble à un inventaire à la Prévert –, il n'est pas si facile de lui ajouter ou d'en retirer une ligne. A-t-il oublié un élément essentiel à notre bien-être ? Le bonheur et la bonne santé de nos proches, par exemple ? En cite-t-il un de trop ? La réponse n'est pas évidente et j'ai bien l'impression qu'on pourrait pinailler longtemps.

Mais, tandis que les philosophes universitaires explorent ces jungles enchevêtrées, l'opinion commune, le bon sens ont tranché en faveur d'une conception beaucoup plus prosaïque de l'utilité ou du bien-être. Cette réduction de la complexité a d'ailleurs été encouragée par les économistes de l'école néoclassique qui, afin de modéliser les comportements, ont eu tendance à considérer que la « maximisation du bien-être » et la « maximisation du profit » étaient des expressions interchangeables. Ainsi, c'est la définition matérielle du bonheur qui l'a emporté. Celle-ci a un immense avantage : elle est consensuelle. Si jouer du violon, lire James Joyce ou danser le tango ne sauraient être des sources de satisfaction universelles, un billet de cent euros représente le même pouvoir d'achat pour tout le monde. Il fera davantage plaisir au pauvre qu'au riche, certes, cependant une quantité fixe de bien-être lui est attachée. Par ailleurs, et de façon significative, cette assimilation de l'utilité au confort, à la richesse, à l'acquisition de biens, pour matérialiste qu'elle soit, échappe à la physiologie. Ce ne sont pas les plaisirs des sens ni la jouissance sexuelle qui ont été retenus comme objets de la maximisation. Pourquoi l'orgasme n'a-t-il pas été présenté comme l'alpha et l'oméga de l'existence, l'horizon ultime de l'agir humain ? Il est possible que le choix n'ait pas été opéré, n'en déplaise à Mill, pour des motifs respectables et éthérés, mais parce que la capacité d'éprouver de la jouissance est limitée par la constitution de notre organisme, tandis que l'accumulation de biens ne l'est pas. Je ne peux pas manger toute la journée, je finirai par vomir. Je ne parviendrai pas à faire l'amour du matin au soir, chaque jour, à longueur d'année – non seulement mon désir fanerait, mais je me mettrais rapidement à éprouver des douleurs, voire à contracter des maladies. Comment maximiser ce qui est par nature borné ? Il fallait que le bien visé puisse s'accumuler de façon indéfinie, c'est pourquoi le plaisir sensuel n'a pas été adopté comme finalité des calculs félicifiques.

À présent se dessine un panorama cohérent du monde contemporain, avec une théorie de l'action prédominante : sujets interconnectés, dotés de computeurs ayant une puissance de calcul extraordinaire, nous sommes incités, dans un contexte d'information en temps réel et d'évaluations croisées, à moduler en permanence nos comportements de production et de consommation, mais aussi nos relations sociales, de façon à maximiser notre bien-être matériel.

Pour sortir de ce réseau, qui risque fort de se transformer en nasse, de nous capturer avant que nos carcasses ne soient débitées et vendues à l'étal, il y a, bien sûr, la stratégie de la rupture – ce serait le choix du révolutionnaire ou du guérillero. Mais je m'adresse, ici, non pas aux plus radicaux, aux êtres flamboyants prêts à se détruire dans leur quête d'un monde meilleur, mais à tout un chacun, à ceux qui se lèvent tous les matins pour aller travailler, aux mères et aux pères de famille, aux jeunes qui ont envie de trouver leur place dans la société telle qu'elle est, avec ses imperfections – sans oublier, bien sûr, le détaillant de pièces détachées pour automobiles qui fait marcher son affaire cahin-caha, finance les études de sa fille, mais se pose des questions sur le sens de la vie et représente le destinataire imaginaire de cet essai.

Ma priorité est donc de fournir une théorie de l'action que chacun puisse s'approprier et mettre en œuvre à son échelle dès à présent, sans adopter pour autant une démarche extrême ni sacrificielle. J'ai conscience du caractère déceptif de cette approche pour un chercheur d'absolu, mais je me suis vraiment mis en quête d'une idée simple, à partir de laquelle on se sentira libre d'introduire quelques changements dans son existence, changements qui soient suivis d'effet. Mon intuition est que cela n'est envisageable qu'en révisant le logiciel de Bentham, en réaménageant l'exorationalité utilitariste. Après tout, la posture de la belle âme refusant catégoriquement l'économie de marché et la technologie n'est pas crédible ; même les philosophes de la gauche radicale font habilement leur promotion, ont soin de maximiser leur prestige et leurs ventes de livres, témoignant par là qu'ils sont commandés par le principe d'utilité qu'ils se donnent l'air de récuser. Prenons donc les choses autrement, et décalons le projet utilitariste.

Voici le contenu de ma proposition : il s'agit de *maximiser son profit sous contrainte d'idéal.*

En économie, l'une des premières notions qu'on enseigne est que la maximisation du profit se fait toujours *sous contrainte*. Cela signifie simplement que le niveau de profit qu'une personne physique ou morale se propose d'atteindre ne se calcule pas dans l'abstrait, mais qu'il dépend des moyens disponibles au départ. Dans les modèles forgés par les économistes néoclassiques, cette contrainte tient principalement à deux facteurs, le capital et le travail ; elle est donc toujours conçue comme une donnée d'ordre matériel, pratique, concret. Mais pourquoi ne pas changer de point de vue sur la nature de cette contrainte ? Il s'agirait de considérer que la maximisation du profit matériel ne prend sens et ne vaut la peine d'être tentée que parce qu'un certain idéal est visé dans l'action – un idéal qui ne relève pas du domaine économique, que chacun a latitude de décider par lui-même et qui n'est autre qu'une aspiration personnelle fondamentale.

Les utilitaristes veulent maximiser l'utilité, mais ils ne s'entendent pas sur la définition de cette dernière. Ils la présentent tantôt comme une certaine quantité de plaisir ou de bien-être, tantôt au contraire comme une certaine qualité d'être – c'est le sens de la remarque un peu étrange de Mill à propos des porcs. Ma recommandation serait de ne pas trancher, de ne pas choisir l'une ou l'autre de ces utilités, mais de les hiérarchiser et de faire passer l'une avant l'autre. *Post* signifie en latin « après », et l'idée est bien de faire passer l'utilité prosaïque après une utilité immatérielle. Cette méthode, qui consiste à se donner en premier lieu un objectif idéal et en second lieu un objectif matériel, est ce que j'appellerai le *postutilitarisme*.

Pour montrer comment cette théorie de l'action se décline dans la pratique, je partirai d'un exemple. Prenons un menuisier. S'il suit les préconisations de l'utilitarisme standard, sa vision de son métier, le but de son action sera de vendre le plus de meubles possible, avec la plus forte marge, pour réaliser le profit le plus important. La plupart des gens donnent assurément l'impression, aujourd'hui, de procéder ainsi. Mais s'il raisonne en postutilitariste, il s'y prendra autrement. Il pourrait élire, au choix, l'un des idéaux suivants :

- Réaliser les plus beaux meubles qu'il est capable d'imaginer.
- Concevoir des meubles avec une bonne empreinte écologique, en n'employant pas de bois exotique en provenance des forêts tropicales en cours de destruction ou en replantant des arbres.
- Inventer des meubles à destination d'une catégorie spécifique de la population dont les besoins sont négligés, les enfants, les personnes âgées, les aveugles.
- Construire des meubles pour les jardins ou les ponts de bateau, par passion pour la vie de plein air ou le sport nautique.

Une fois cet horizon idéaliste posé (et ma liste bien entendu n'épuise pas les possibles), rien n'empêche de déployer les schèmes de la rationalité économique, c'est-à-dire d'essayer de réaliser du profit et d'augmenter graduellement ses revenus.

Ce que le postutilitarisme invite à comprendre, c'est qu'il n'est pas besoin d'être un grand renonçant ni un ascète intégral, pour poursuivre une finalité éthique, pour être mû par un idéal. Au contraire, n'importe qui est en mesure de mener une existence éthique, en tant que professionnel ou que citoyen, sans être un idéologue ni un saint. Dans la pratique, je suis convaincu que beaucoup de personnes, dans l'ensemble du tissu social, sont d'ores et déjà des postutilitaristes, même si elles ne l'ont pas toujours formalisé ainsi. Pour parler de mon propre domaine d'activité, tous les écrivains ont envie que leurs livres se vendent bien. Mais certains écrivent des livres pour arriver en tête des ventes (les utilitaristes), et d'autres composent les meilleurs livres qu'ils sont en mesure d'écrire en espérant avoir des lecteurs (les postutilitaristes). Les seconds ne sont pas complètement désintéressés. Ils se montreront même ambitieux et calculateurs à l'occasion – au demeurant, ce carriérisme s'est déjà vu chez des génies de la littérature. Pourtant, ils ne laissent en aucun cas la quête du profit rogner sur les qualités littéraires de leurs écrits, car l'utilité supérieure ou encore l'*idéal-contrainte* qu'ils se sont donné est un sanctuaire inviolable, une dimension sans laquelle l'action même d'écrire perdrait son sens à leurs yeux.

J'entrevois une objection : les deux exemples que je viens de donner, celui du menuisier et de l'écrivain, sont privilégiés. Ces deux métiers relèvent de l'artisanat. Non seulement un artisan est libre de ses gestes, mais en plus il signe son ouvrage, dont il est reconnu comme l'auteur. Dans la plupart des autres sphères d'activité, une telle indépendance dans l'exécution, une telle matérialisation de l'effort en un ouvrage tangible et pérenne sont impensables. Mettons que vous soyez employé par une entreprise qui commercialise du poisson pané, des pare-brise ou de la crème dépilatoire – la chair de cabillaud surgelée, le verre Securit ou les mollets lisses des clients vous feront-ils battre le cœur ? Est-ce là une finalité qui enflammera vos lundis matins, tiendrez-vous vos rêves d'enfance pour exaucés ? Pour peu que votre rôle soit exécutif, avec une marge de manœuvre inexistante, des *process* minutés, une hiérarchie tatillonne et des objectifs trimestriels à la limite de l'impossible, comment maximiseriez-vous votre profit sous contrainte d'idéal ?

Si l'objection s'impose, elle admet me semble-t-il une réponse : en effet, il est rarissime que la source de la motivation qu'on éprouve au quotidien coïncide avec un produit fini. Pour l'artiste, pour l'artisan, il y a une œuvre et le but est parfois dans l'achèvement de celle-ci ; c'est ce qu'on appelle la satisfaction du bel ouvrage. Cependant, dans bien des cas, même chez les artistes et les artisans, le but concret du travail, son produit final n'a d'importance que relative. Lorsqu'on circule d'un secteur à l'autre de la société, il apparaît que l'essentiel de la satisfaction, pour la plupart de ceux qui exercent une activité, provient de l'inscription dans la collectivité que cela permet, autrement dit des relations humaines. Ce qui fait suprêmement souffrir, c'est l'absence de reconnaissance de vos compétences, la rivalité empoisonnée entre collègues, l'encadrement pervers – et dans ces cas-là, même si le résultat final est magnifique, qu'il s'agisse d'élaborer un grand cru classé de Bourgogne ou des robes de haute couture, l'ordinaire des tâches ne procure aucune joie et s'apparente même à un enfer. Inversement, si le produit en lui-même n'a rien de fascinant, qu'il est juste nécessaire, et encore (pour la crème dépilatoire, ça se discute), mais que le collectif humain qui s'est rassemblé autour de celui-ci – des fournisseurs aux clients en passant par les équipes – est dense, intéressant, stimulant voire chaleureux, la question du sens de ce que l'on est en train de faire ne se pose presque plus. Ainsi, le postutilitarisme est possible même dans le poisson pané – pour peu que l'idéal poursuivi se déplace du côté des relations. Travailler, de manière professionnelle ou bénévole, mais tout aussi bien pratiquer un sport ou un loisir, c'est d'abord chercher à entrer en contact avec les autres, à appartenir à la pluralité humaine, pour échapper à l'isolement et à la tragédie.

Parfois, d'autres idéaux accompagnent cette quête de réalisation de soi dans les rapports interpersonnels : à travers l'engagement syndical, l'animation d'un groupe ou l'accompagnement des débutants, certains déploient leurs aspirations profondes en matière d'équité ou de transmission. La recherche d'idées nouvelles et d'améliorations est encore un mobile envisageable, dans la mesure où il existe une sorte de joie intellectuelle, liée à la créativité et à l'ingéniosité, qu'on peut tirer du travail, quel qu'il soit. Beaucoup d'entre nous apprécient l'ouvrage bien fait et aiment se sentir progresser – même si je ne prends aucun plaisir à couler des chapes en béton ni à tenir ma comptabilité dans un tableau Excel, je ne suis pas fâché d'acquérir ces compétences, mieux, j'ai un vrai soulagement quand je vaincs mes difficultés ; me perfectionner à travers une action est en soi un motif de contentement.

Pour ma part, j'aurais presque tendance à me méfier davantage des professions qui ont l'air nobles et passionnantes du dehors, car souvent la beauté de leur objet, sa réputation, sa magnificence, ou même l'élévation de la raison sociale d'une organisation, ne sont que des paravents masquant des réalités décevantes, voire franchement délétères. Prenons le cas d'une ONG spécialisée dans la lutte contre le paludisme ou contre l'illettrisme, d'une association promouvant les potagers urbains ou l'aide aux femmes victimes de violence, d'une entreprise fabriquant des prothèses pour les sourds ou encore d'une école Montessori : la finalité de l'action est d'emblée annoncée comme vertueuse, incomparablement meilleure que, mettons, celles de l'industrie de l'armement ou des engrais chimiques. Sans doute. Seulement, il arrive qu'à l'intérieur de ce type d'organisations, les pires travers se retrouvent, et qu'ils s'expriment d'autant plus brutalement que la hauteur des objectifs annoncés semble exonérer par avance les membres de toute interrogation éthique personnelle, de toute remise en question de leurs manières d'être ou de faire. Nombre d'associations se transforment en lieux de luttes acharnées pour la conquête du pouvoir; il existe des petits chefs dans les ONG, et celles-ci peuvent être dévorées par l'esprit de compétition, obsédées par la mesure quantitative de leurs résultats et par la course aux financements, prêtes à monter des dossiers bidon ou à entrer dans de sinistres combines politiciennes afin d'augmenter leurs subsides.

Cette remarque me permet de clarifier un point important: être postutilitariste est un choix qu'on effectue et qu'on assume soi-même, au niveau individuel, indépendamment des collectifs dans lesquels on se trouve engagé. Il n'est pas plus facile ni moins exigeant d'être postutilitariste dans une ferme biodynamique pilote ou une filière de commerce équitable que dans la grande distribution ou l'industrie automobile. Car en aucun cas, les aspirations éthiques affichées par les organisations (chartes de valeurs et discours des dirigeants sur la responsabilité qui se résument souvent à du pur et simple *bullshit*) ne tiennent lieu d'une réflexion plus authentique, plus intime, que chacun mène en son for intérieur, sur la manière dont il se comporte dans le monde.

Devenir un postutilitariste n'a rien de sorcier: il convient de s'octroyer un délai de réflexion afin de bien définir son idéal-contrainte. Mieux vaut être attaché à cet idéal par un désir profond, et non par une lubie passagère ni un effet de mode. Car une fois celui-ci clairement énoncé et posé, il sera de l'ordre du non négociable, plus question d'y renoncer. Mais ensuite, rien n'exclut de déployer une certaine ingéniosité, de l'habileté et même des stratégies opportunistes afin de réussir.

Comme le postutilitarisme relève d'un choix de vie, cette philosophie de l'action s'adresse peut-être en priorité aux jeunes, à ceux qui n'ont pas encore collectionné les compromis. Le plus simple, ce serait de prendre la décision de devenir postutilitariste avant même d'entrer dans la vie active, durant les études – ou bien, plus tard, à l'occasion d'une période de reconversion. Ensuite, c'est armé de la boussole d'un idéal qu'on s'intègre aux projets qu'on rencontre sur sa route. En tout cas, le seul à pouvoir juger si vous êtes postutilitariste, c'est-à-dire à savoir si vous êtes vraiment en lien étroit avec votre idéal, si vous dormez et respirez avec lui, s'il irrigue votre existence et donne un sens à votre quête du profit, c'est vous-même.

L'immense avantage que je vois à être postutilitariste, c'est que l'on porte en soi-même une valeur vivante, qui n'est pas strictement rationnelle et qui, par là-même, permet d'échapper aux programmes d'optimisation de l'agir – à la technostructure dont les dimensions et le poids se renforcent autour de nous. La dernière carte de l'humain dans la partie serrée qui l'oppose aux intelligences artificielles, son ultime atout, c'est peut-être qu'il sait tenir dans sa main un rêve.

Le postutilitarisme est, en outre, la solution que j'avancerai au problème de la dissociation, à la lutte interne, au fait qu'en chacun d'entre nous, il y a aujourd'hui un capitaliste et un marginal, un dominant et un dominé qui se livrent un combat permanent.

Mon intuition est que le pôle dominant et le pôle dominé en nous sont susceptibles de faire la paix, et même de coopérer de façon fructueuse, pour peu que la répartition des rôles soit établie de manière adéquate. Au marginal, au flâneur, au dominé, il revient d'énoncer l'utilité idéale. Au calculateur, à l'optimisateur, au capitaliste, de faire en sorte que les choses ne se passent pas trop mal par la suite, que le confort et le bien-être restent accessibles.

J'ajoute une remarque, même si elle découle implicitement de ce qui précède : il ne me semble pas pertinent de s'échiner à courir après tous les idéaux louables à la fois. Par exemple, dans le cas du menuisier, de vouloir être intransigeant sur l'écologie, sur la destination sociale des produits et sur le design. Ou pour un restaurateur, de réinventer la gastronomie au plus haut niveau, tout en étant bio, vegan, sans gluten et bon marché. D'une part, parce que la multiplication des contraintes aurait tôt fait de devenir insoutenable. D'autre part, parce qu'à se poser comme intégralement vertueux, on sombre dans le moralisme, et que cette attitude est un frein plutôt qu'un moteur. Il est déjà tellement difficile d'atteindre un idéal ; n'est-ce pas folie que de s'en fixer plusieurs ? La dispersion ne risque-t-elle pas de s'avérer un alibi ou une gêne ? Je tiens qu'il ne faut pas diluer son idéal dans un grand bassin de bons sentiments mélangés. Un idéal n'est pas une boule de parfum pour le bain, qui se dissout et répand des effluves à l'eau de rose. Il convient qu'il soit plutôt affûté et tranchant, comme une lame de couteau.

Le choix de l'idéal relève d'une prérogative individuelle, mais le postutilitarisme n'est pas un individualisme. Il ouvre au contraire sur la dimension sociale et politique. En effet, en se donnant un idéal, *chaque postutilitariste se déclare responsable d'un morceau du monde*. Pour l'un, ce sera le beau, pour un autre le vrai, pour un autre encore la justice ou la qualité des relations humaines, ou les équilibres naturels, ou même l'harmonie d'une communauté, d'un village, d'une forêt, d'un littoral – que sais-je.

Si nous l'abandonnons à la compétition des intérêts égoïstes, le monde a tôt fait de se déliter – et tel est bien le spectacle que nous avons trop souvent sous les yeux. Au contraire, si chacun de nous entend sauver non pas le monde dans son exorbitante globalité, comme seuls sont capables de le faire les héros des *blockbusters* américains, mais seulement une parcelle de ce monde, par le simple effet du nombre, les choses pourraient aller de l'avant, dans le bon sens. Bien sûr, j'esquisse là un rêve. Mais là où les philosophes forment souvent une critique et des recommandations qui n'auront de portée que si elles inspirent des réformes au plus haut niveau, j'ai préféré suivre le chemin inverse et placer mes espérances dans l'existence ordinaire.

Sommaire

Du même auteur

Essais

Se noyer dans l'alcool?, PUF, « Perspectives critiques », 2001 ; nouvelle édition revue et augmentée J'ai lu, 2012.

La Grâce du criminel, PUF, « Perspectives critiques », 2005.

Le Téléviathan, Flammarion, « Café Voltaire », 2010.

Contribution à la théorie du baiser, Autrement, 2011 ; J'ai lu, 2015.

Comment vivre lorsqu'on ne croit en rien ?, Flammarion, 2014 ; Flammarion, « Champs », 2018.

Ce qui nous relie, Allary Éditions, 2016.

Devant la beauté de la nature, Allary Éditions, 2018 ; Flammarion, « Champs », 2021.

La joie est plus profonde que la tristesse. Entretiens avec Clément Rosset, Stock/Philosophie Magazine éditeur, 2019.

Microréflexions, Allary Éditions, 2019 ; Flammarion, « Champs », 2021.

Romans

Premières volontés, Grasset, 1998 ; Pocket, 2006.

Être sur terre, et ce que j'en retiens, Calmann-Lévy, 2001 ; Pocket, 2004.

La Mire, Flammarion, 2003.

Un point dans le ciel, Flammarion, 2004.

De la supériorité des femmes, Flammarion, 2008 ; J'ai lu, 2009.

Quand j'étais nietzschéen, Flammarion, 2009 ; J'ai lu, 2010.

L'Orfelin, Flammarion, 2010 ; J'ai lu, 2013.

Voyage au centre de Paris, Flammarion, 2013 ; J'ai lu, 2015.

L'homme qui aimait trop travailler, Flammarion, 2015.

La Muette, Don Quichotte, 2017.

La Naissance d'un père, Allary Éditions, 2020.

www.allary-editions.fr

Création graphique de la couverture et
composition par Raphaëlle Faguer

Cet ouvrage a été imprimé sur du papier issu
de forêts gérées de manière responsable.

FSC
www.fsc.org
MIXTE
Papier issu de
sources responsables
FSC® C003309

Achevé d'imprimer en avril 2021
par Normandie Roto Impression s.a.s.
à Lonrai (61)
N° d'impression : 2101777
Dépôt légal : avril 2021
ISBN : 978-2-37073-362-7

Imprimé en France